U0496717

向华为学创新

Learn
Innovation
From
HUAWEI

孙金云 著

企业管理出版社
ENTERPRISE MANAGEMENT PUBLISHING HOUSE

图书在版编目（CIP）数据

向华为学创新 / 孙金云著. — 北京：企业管理出版社，2020.7
ISBN 978-7-5164-2170-3

Ⅰ.①向… Ⅱ.①孙… Ⅲ.①通信企业—企业管理—经验—深圳 Ⅳ.①F632.765.3

中国版本图书馆CIP数据核字（2020）第102781号

书　　名：	向华为学创新
作　　者：	孙金云
选题策划：	周灵均
责任编辑：	周灵均
书　　号：	ISBN 978-7-5164-2170-3
出版发行：	企业管理出版社
地　　址：	北京市海淀区紫竹院南路17号　　邮编：100048
网　　址：	http://www.emph.cn
电　　话：	编辑部（010）68456991　　发行部（010）68701073
电子信箱：	emph003@sina.cn
印　　刷：	河北宝昌佳彩印刷有限公司
经　　销：	新华书店
规　　格：	165毫米×235毫米　　16开本　　17.5印张　　190千字
版　　次：	2020年7月第1版　　2020年7月第1次印刷
定　　价：	76.00元

版权所有　翻印必究·印装有误　负责调换

PREFACE / 前言

前 言
PREFACE

早在20年前，就有西方的媒体质疑，说中国的产品大多都是"山寨"产品，没有自己的创新，甚至侵犯了西方企业的知识产权，这样的论调直到今天仍没有消除。

那么，究竟什么是创新，什么不是创新？创新有哪些不同的类别？有没有更加高级的创新？

1912年，哈佛大学教授，被誉为"创新理论之父"的约瑟夫·熊彼特写了《经济发展理论》这本书。在书里，他对创新有这样一个定义："创新（Innovation）是将原始生产要素重新排列组合为新的生产方式，以求提高效率、降低成本的一个经济过程。"他是经济学家，所以这个定义似乎有些抽象，不如我们来举几个例子。

泰勒说，工人的工作可以做专业化分工，并

且从按天计算工资改为计件工资，工厂的效率提升了一倍以上，这是创新。手机的用途不再是单纯地打电话，它可以协助我们思考和抉择，延伸我们和外部沟通，这也是创新。行星探测仪可以从万里之外给我们呈现土星光环的美妙，人类获得了全新的看待自己的视角，这是创新。话剧导演把舞台区隔成不同的空间，让观众在里面游走，带来沉浸式的体验，同样是创新。可见，创新的形式是多样化的。

在回顾十几年来商业领域出现的各类技术创新之后，学者们提出了许多创新的类别，在这里简单地把它划分为两个维度：一个维度是"在哪儿创新"，另一个维度是"究竟有多新"。首先看"在哪儿创新"。在这个维度下面包括管理创新和技术创新两个大类，而我们经常听到的"商业模式创新"可以算是"管理创新"当中最重要的一部分。按照这个分类，泰勒的科学管理思想是管理创新，而手机、行星探测仪是技术创新。当然，许多创新是整合了管理创新和技术创新，比如沉浸式的话剧体验可能会对演员的工作分工安排做出新的调整，这是管理创新，但设计开发新的舞台设施控制装置等就算是技术创新。

然后再看看"究竟有多新"这个维度。在这个维度包括原始创新、颠覆式创新、集成创新、改进式创新和模仿式创新。

PREFACE / 前言

原始创新是提出一个新的方法、产品或技术，这是一个从无到有的过程，绝大部分发明包括中国的四大发明，都可以算在这个类别里面。集成创新是在已有的一些模块、组件或者成型的产品基础上，重新组合拼接，最终形成一个全新的产品来实现一些新的功能。那些大规模的代工企业，比如富士康，大部分元器件都是外购的，但是它可以用更高的效率和更低的成本集成生产出高质量的产品。改进式创新是一个升级改造的过程，当某个产品或技术已经由竞争对手研发出来，但通过拆解研究，在原来的基础上进行一些材料、部件的结构方式或生产流程的调整和改进，使新产品比原有的产品在性能或设计等层面有一定的提升。日本企业特别擅长这种改进式的创新。

如果我们从企业成长的过程去看，还可以有一种模仿式创新，也就是这个"新"在一开始几乎没有，但随着企业的学习和成长，"新"的成分会越来越高。在这个过程中，企业迅速把外部知识转化为组织内部的能力。所以，模仿式创新是一个完整的从模仿到创新的发展过程。改进式创新、集成创新和原始创新都可以是模仿式创新中的一个阶段。

对于创新的分类，还有许许多多的内容，比如颠覆式创新。按照刚才的分类，可以从"在哪儿创新"这个维度看到管理创新和技术创新，而在"究竟有多新"这个维度，又可以思考那些白手起家的小企业是如何成长为科技巨头的？这个过程中它们是如何克服诸多困难，又有哪些不为人知的秘密呢？本书选择了最具代表性的中国科技领军企业——华为，来全方位地解析，华为的创新密码究竟是什么？

孙金云

2020 年 3 月

CONTENTS / 目录

01 为什么是华为 / 001

02 小企业就不能做技术创新吗 / 017

03 选择哪条路去"罗马" / 029

04 扼住创新的脖子 / 043

05 放弃单选题 / 059

06 专利是个好武器 / 073

07 随节奏起舞 / 087

08 纵横四海 / 101

09 知本主义 / 115

10 人才是抢来的 / 129

11 人才是逼出来的 / 145

12 学会革自己的命 / 159

13 开放、妥协与灰度 / 171

14 竞合共生 / 185

15 左右互搏 / 201

16 吐槽就要大点声 / 213

17 惶者生存 / 225

18 失败又如何 / 235

19 国际竞争 / 247

20 奋斗"无人区" / 259

参考文献 / 271

01

为什么是华为

向华为学创新

"凡战者，以正合，以奇胜。故善出奇者，无穷如天地，不竭如江河。"出自《孙子·势篇》。说的是出奇制胜之道，胜在意想不到。什么是意想不到？通俗点说，就是你拥有的是他人所不具备的；用现代管理学词汇来讲，就是具备了竞争优势。

谁也没想到，20 世纪 40 年代，"蜂窝移动通信系统"概念在美国贝尔实验室被首次提出，是美国人第一个用他们的尖端研究，让通信技术从军事领域真正走向寻常人的生活，全球电信行业从此打开燎原之势。

在短短的 70 余年人类历史中，世界电信市场经历了一场沧桑巨变。曾经不可一世的爱立信、摩托罗拉、诺基亚、西门子、阿尔卡特、朗讯、北电等企业，无一不是来自西方发达国家顶尖通信科技的巨头，但一路分分合合，爱立信收购马可尼，西门子通信与诺基亚网络合并，阿尔卡特吞并朗讯，北电没落，摩托罗拉也在困境中艰难跋涉，这些威名显赫的老牌企业纷纷在无奈中憾然落幕。"狭路相逢勇者胜"，在资源再整合重组洗牌以后，华为、爱立信、诺基亚、中兴通讯组成了新的电信巨头阵营，中国企业占据半壁江山。

同时更值得我们思考与探讨的是，华为在它成长的33年中，历经艰辛，几度沉浮，又是如何一步一步成长为今天让国人自豪的全球科技巨头的？

华为1987年诞生于深圳，仅仅用了20多年的时间便跻身世界500强。2012年，华为在通信业低迷期逆势而上，销售收入超过爱立信，成为全球最大的ICT（信息与通信）基础设施提供商[3]。2018年，华为第二大业务——智能手机销量首次超越苹果，成为仅次于三星的世界第二大手机厂商。对比国内三大互联网巨头BAT，华为以7212亿元的全年营业收入几乎达到阿里、腾讯、百度之和。2019年，华为ICT业务覆盖170个国家，全球有30多亿人口使用其服务打电话、发短信、上网。根据2019年全球《财富》500强公布，华为攀升至第61位，连续9年榜上有名；而以它目前的规模，仍具有极强的成长性。在5G市场，华为在技术上走在同业前列，更是引领了潮流。全球已有50个国家或地区为华为提供的5G服务发放了通行证。

华为取得如此举世瞩目的成就，离不开它日益精专的研发能力、持续优化的管理水平和贯穿始终的企业文化。其中，研发决定产品的先进性，管理决定团队的作战能力，文化决定企业能走多远。研发、管理与文化"三位一体"，为企业发展提供了源源不断的动力，成为华为可圈可点的制胜之术。

我们先说"三位一体"的第一点——研发。

华为创新不断，归功于它研发的"三板斧"。

第一板斧：世界顶级研发投入。根据华为公开披露的《尊重和保护知识产权是创新的必由之路》白皮书，华为坚持将每年收入的10%以上，最近几年约15%投入到研发。2018年，华为投入1000多亿元人民币用于研发，在《2018年欧盟工业研发投资排名》中位列全球第五。华为的科研经费投入占据企业2018年营业额的14.7%，远高于苹果公司的5.1%。华为的研发"尺度"把握得恰到好处，要求警惕过于超前而不能落地的盲目研发。任正非曾经明确表示："我们的预研部，只有基础研究中出现了转化为商品的机会，才会大规模扑上去。"预研成果转化率要保持在70%~80%：太低了不行，说明离市场太远；太高了也不行，说明预研工作太保守，容易漏掉可能有市场的产品方向。[1]

第二板斧：集成产品开发，英文是 Integrated Product Development，简称 IPD。华为研发员工都需参加 IPD 考试，且每 3 年重考一次。作为华为研发底层指导框架，产品从项目任务书到上市，所有流程和节点都基于 IPD 开展。所谓集成产品开发，它的目标是建立基于市场和客户需求驱动的集成产品开发流程，把产品开发作为一项投资来更加有效地管理，以此加快市场反应速度，缩短开发周期，减少报废项目，提高产品的稳定性、可生产性、可维护性。[1]在此基础上，研发成果落地变现能力进一步提高。

第三板斧：专利地图。专利地图是由各种与专利相关的资料信息或者专利公开出版物，以统计分析方法加以缜密剖析，整理而成的可分析解读的图表信息，它具有类似地图的指向功能。专利地图通常包括历年专利动向图、技术生命周期图、各国专利占有比例图、公司专利平均年龄图、专利排行榜表、专利引用族谱表、国际专利分类分析图等。据世界知识产权组织估算，如果能够有效地利用专利信息，可以使企业平均缩短 60% 的研发周期，节约 40% 的科研经费。作为收集、整理、利用专利技术信息的专利地图，将在未来信息世界中扮演着举足轻重的角色。[1]华为对研发团队有个硬指标，就是每人一年两个专利，华为约有 8 万名研发员工，可想而知这是一个多大的"专利工厂"，足以覆盖一般性研究，而重大探索性研究则交给汇集海内外高级研发人才的"2012 实验室"，互为补充、共同支撑华为的专利战略落地。

接下来我们再说,"三位一体"的第二点——管理。

企业领袖对团队管理影响至关重要。在当今中国乃至全球企业界,华为创始人任正非是思想独特的企业领导之一。正所谓人如其名,在外人看来,任正非就是一位"亦正亦非"介于"正非"之间的企业领导,充满了矛盾和张力,有时思想高深如哲人,有时行为偏执似疯子,有时和蔼慈祥如长者,有时暴跳如雷似怪兽。他经历坎坷,阅历丰富,正是由于任正非独特的思想和行为风格,才点燃了华为创新的火种。[2]

根据华为2018年年报,目前华为有18.8万名员工,业务遍及全世界86%的国家和地区。[11]华为员工散落在全球各地,员工国籍、文化、习俗不一,管理难度可想而知。总部与各地之间的管理水平和条件,一旦形成落差,将直接影响到企业战略和业务的落实。面对巨大挑战,华为的管理水平在持续地优化。

管理是科学还是艺术?任正非的回答是:"管理就是要多打粮食。"从华为和美国咨询公司合作任职资格项目以来,集成产品开发、集成供应链管理、集成财务管理、销售管理流程，以及经营管理团队和轮值 CEO 制度，这些重大管理变革项目几乎覆盖了企业管理的每个职能模块，也几乎贯穿了华为整个发展历程。可以说，华为的每一个管理变革项目都堪称是中国本土公司与西方管理咨询公司项目成功合作的典范，而华为管理变革三部曲"先僵化，后优化，再固化"也已经成为管理变革的方法论。在这个过程中，华为不仅支付了高达 300 多亿元的管理咨询费，更是经历了从"削足适履"的痛苦到"涅槃重生"的喜悦。[2]

最后，我们看"三位一体"的第三点——文化。

虽然很多信息证明华为并没有提倡过"狼性文化"，但是业界一直流传着华为"狼性文化"的各种传说。不过，华为自创立以来，无论是在国内"农村包围城市"的市场开拓中，还是在国外"屡战屡败，屡败屡战"的艰难跋涉中，最终一路攻城拔寨，势如破竹，仅仅用了 27 年的时间就坐上了世界通信设备制造商头把交椅的位置，靠的就是市场销售团队的"狼性精神"。[2]

在华为官方认可的企业文化解读中，"以客户为中心，以奋斗者为本，长期艰苦奋斗，坚持自我批判"被看作是华为始终坚持的文化内涵。华为相信，一旦自身失去了谨慎、敬畏、郑重、精进、素直、广大、灰度（包容）的品质，就会一夜之间倾倒。[9]

在中国的企业中，华为堪称最早关注并重视文化建设的企业之一。国内久负盛名的《华为基本法》其实就是因为梳理并提炼企业文化的需要而诞生的。任正非关于企业文化的名言"资源是会枯竭的,唯有文化才能生生不息"已经被业界广为流传并且影响深远。对于很多企业来说,制定一套企业文化理念并不难,难的是如何把文化理念落地成为员工的工作习惯。如果企业文化理念一直在天上飞,而企业员工却依然故我地在地上跑,企业文化建设就是失败的,最后往往流于形式,不了了之。华为在企业文化建设方面不仅形成了自己的理论体系,更难能可贵的是形成了自己的实践方法,真正把文化理念从"天上"拉回到了"人间"。外界一直认为华为的企业文化"洗脑"最成功,无论是在职员工还是离职员工,从他们的表现都能看出来。姑且不论这种说法是否正确,但这至少证明华为的企业文化建设不仅能"落地",而且"接地气"。[2]

正所谓"故善出奇者,无穷如天地,不竭如江河"。华为因为特有的研发、管理与文化,才有了一往无前的奔跑速度;而研发、管理与文化"三位一体"的背后,创新才是华为实质意义上的制胜之道。

说到创新,中国作为制造业大国,在过去,曾被冠以"山寨"之名。最早出现在手机行业,民间势力对知名品牌的仿制现象快速渗透到经济、文化各领域,"假冒伪劣"标签烙印在中国企业身上很长一段时间。

当时，关于"山寨"有两类不同的看法：支持方认为，"山寨"企业创造经济价值的同时，也具备一定的社会价值。消费者有更多物美价廉的商品可选择，而且有助于打破某些行业的市场垄断和技术垄断，激励"领先"企业进一步创新，推动技术水平，提高社会福利水平。持负面观点的学者从保护知识产权的角度出发，认为"山寨"企业的侵权行为会让企业产生创新惰性，影响领先企业的创造力和竞争力。无论认同与否，"山寨"终究不是创新。中国制造业的再发展需要自我变革与提升，而要去实现原始创新，并不容易。

创新，是企业发展的原动力，"看上去很美"；但创新的过程往往步步惊心。企业由于各种原因陷入过度创新的陷阱，错失发展机会，甚至死于创新的案例屡见不鲜。常见的创新陷阱有路径选择错误、节奏错误、应用偏差等几种类型。

第一种陷阱，创新路径选择错误。以摩托罗拉为例，这家公司曾经声势浩大地推出铱星计划，这个庞大的创新项目是由77颗近地卫星组成星群，让用户从世界上任何地方都可以打电话。项目路径独特，耗资过巨，无异于悬于摩托罗拉头顶的达摩克利斯之剑。当费尽千辛万苦，铱星终于在1998年年底投入使用时，命运却和摩托罗拉开了一个很大的玩笑，传统的手机已经完全占领了市场。由于铱星项目无法形成自己稳定的客户群，开业近10个月时，铱星手机的用户还不到2万，远少于65万用户的盈亏平衡点，公司亏损巨大，甚至拖垮摩托罗拉。

第二种陷阱，踏错创新节奏，市场无法接受。19世纪50年代法国宇航和英国飞机公司联合研制的超音速客机——协和式喷气客机，突破传统客机时速限制，成倍缩短旅行时间。从伦敦到纽约7100千米的飞行距离，波音和空客飞机需要6~7小时，而协和客机3小时就可到达，不过，过于超前的设计导致可靠性偏差，出现了两次坠机事故。同时，协和客机单个旅客的票价高达9000美元，远远超过市场其他客机。载客量少，并且日常维修费十分昂贵，每架飞机在飞行1.2万小时后，须进行为期10个月的大修，每次费用达到1000万美元，最终消耗了大量资源的协和客机不得不退出市场。这一案例也成为创新步子太大、时代跟不上的典型。

第三种陷阱，创新的应用偏差。我国古代四大发明之一的火药，欧洲人拿去做大炮，我们拿来放烟花。中国人发明的指南针，欧洲人拿去发现新大陆，我们却用来选祖坟、看风水。鲁迅、伏尔泰都曾经借此调侃。虽然民俗文化领域的应用无可厚非，但对比近代比我们更早崛起的欧洲，我们是不是应当反思一下对生产力的发展重视不足呢？

创新路径、时机、应用每个环节都不能错，诸多失败的案例说明：创新不易。也正因此，华为的创新之路值得我们探讨研习。

华为并非是与生俱来的创新高手。前18年，华为采用的是模仿战略，没有一个属于自己的原创产品；而在2001年后，企业渡过了早期的模仿阶段，开始大规模进入海外市场。到2004年，华为海外的销售收入已经超过了本土市场。近年来，自主研发力度不断加大，华为已经为全球前50家电信运营商中的35家提供设备，并用总收入的10%投入到研发当中。除了在深圳、上海、北京、南京、西安、成都、武汉这七个城市建立了研发中心，也在斯德哥尔摩、达拉斯、硅谷、班加罗尔、莫斯科、雅加达以及都柏林、布洛涅、米兰、慕尼黑开设了海外研发中心。华为践行模仿式创新战略，历经模仿复制、吸收、改进的系列过程后，才真正走向"创新"，步入原创自主研发阶段。它的竞争优势，也随着自身规模的不断壮大而逐渐增强。

无论是陷阱带来的失败与教训，还是华为壮大带来的成功与借鉴，都在说明一点：中国的"山寨"标签逐步褪去，取而代之的是我们对原始创新的觉醒与坚守。国家公布的"十二五"规划纲要中49次提到了"创新"概念；各界专家学者纷纷探索、研究创新；各类企业于创新中谋生存发展，举国上下，都在用实践行动赋予"创新"科学的定义与全新的视角。

经过对国内外学者的理论研究与中外大量企业的调研分析，我们将企业在创新过程中的不同阶段简单归结为：复制阶段、模仿式创新结合阶段和原始创新阶段。华为的创新路径正好经历了这三个阶段。通过解构华为，我们定义"模仿式创新"，就是通过对已有行业领先企业产品、服务、公益和管理方式的复制、吸收和改进，为顾客提供相似的甚至更具竞争力的产品服务选择。我们必须明白，模仿不是故步自封、停滞不前，更不是侵犯知识产权的抄袭。模仿是一种学习，是有意识的学习。从这个角度而言，模仿行为既比创新更加普遍，也显得更加重要，甚至很多创新本身也是建立在一定程度的模仿基础上的。从逻辑关系上，创新可能是结果，而模仿则贯穿了企业发展的整个过程。所以，从模仿到创新是一个普遍的过程。

创新对企业往往是一种两难选择：一方面，创新对企业的发展具有必要性，企业如果不投入创新，其产品和服务就存在被取代的风险；另一方面，创新也意味着高额投入，牺牲现阶段的财务利润，企业在短期内可能面临生存压力。中国企业家甚至用"不创新就是等死，创新就是找死"来表达他们所面临的创新窘境。[3]

中国企业的创新还面临一些共性问题。美国加州大学终身教授祝效国认为，中国企业在创新发展方面存在三个主要问题：第一，缺乏核心技术；第二缺乏创新机制；第

三，只看到短期利益，看不到长期问题。(2)

中国企业的创新困局如何破题？创新的答案在哪里？

华为的"三位一体"创新模式，带给我们三个启示。

启示一：企业应当高度重视知识产权工作。华为把知识产权视同企业的核心能力。华为战略研究院院长徐文伟曾在接受采访时表示，华为在2018年的研发投入资金相当于整个中国研发投入的4.5%~5%，产生的专利数量也占到了整个中国的10%。❶ 据欧洲电信标准化协会发布的全球5G标准核心必要专利数量排名，截至2018年年底，华为拥有的5G标准必要专利数量为1970件，占比17%，位列全球第一。(1)

启示二：企业应当以知识为基础，而不是资本。以人为本的知本分配体制(1)，才能激发人的创新动力，这里的"知"恰是知识的"知"。华为公司是最早意识到知识经济时代来临的中国企业之一，提出了"知本主义"的理念。所谓"知本"主要是相对于"资本"而言的，简单来说，就是以知识为本，以人才为本。不过，任正非毕竟是企业家，他不仅要看到人才对于未来发展的重要意义，更要让人才在华为的平台上创造出价值，实现企业的健康发展。所以，在"知本主义"的基础上，华为又提炼出"以

---

❶ 王全宝.华为强调开放式创新——专访华为董事、战略研究院院长徐文伟[J].中国新闻周刊，2019-06-26.

奋斗者为本"的理念，并把这个理念作为华为公司的核心价值观之一。[2]

分享对任何人来说都是说起来容易，做起来难。中国历史上有很多"可与共患难，不可与共乐"的故事一直流传至今。有着特殊人生境遇，任正非却坚持"要活大家一起活"，也成为他创业后建立员工分享机制的思想源头。[2]

任正非个人的股份只占1.01%，其余的股份属于员工所有。华为前轮值CEO徐直军认为："华为公司成功的核心要素，就是从一开始建立起来的利益分享机制，也就是虚拟股权机制以及后来的TUP奖励期权机制。激励机制把华为公司员工和企业的利益紧密地结合在了一起，使得华为能做到很多企业难以做到的事情，比如干部能上能下。"[2]

启示三：企业创新需要开放合作[1]。华为的许多研发实际上不是闭门造车，而是基于开放、合作、共赢，与友商、客户、高校、海外机构共同完成的。据华为披露，华为已经加入400多个标准组织、产业联盟、开源社区，担任400多个重要职位。在标准组织中，华为作为核心贡献者之一，与产业伙伴共同完成3GPP 5G首个版本的标准制定；全年提交标准提案超过5000篇，累计提交近6万篇。在产业联盟方面，联合业界伙伴，共同创建多个产业联盟。在开源社区方面积极投入，目前已经在有重大国际影响力的开源社区中拥有 10 多个董事席位，以及 200 多个重要会员席位，影响力持续提升。在商业联盟方面，2018 年，华为新建了与博世等伙伴的战略合作关系，并扩大了与 SAP、微软、英特尔、埃森哲和 Infosys 等现有伙伴的战略合作。华为解决方案生态伙伴新增 2000 多家，总数突破 5000 家❶。

在任正非的企业家精神引领下，基于对客户和员工的深刻理解，华为在理论创新、组织创新、机制创新、技术创新、商业模式创新、管理创新、人才创新以及文化创新等各个方面不断解放思想，打破界限，开拓进取，自我批判，在长期的企业创新中形成了具有华为特色的理论图谱和实践路径。(2)

---

❶ 华为官网.

02

小企业就不能做技术创新吗

向华为学创新

古语有云："成功细中取，富贵险中求。"用在企业这儿，"细"不仅指对细节的注重，衍生展开的是对缝隙产品或过渡性产品开发的聚焦；而"险"，则要求企业的管理者能够具有一定的冒险精神，敢于进行新的尝试。根据研究发现，具备风险承担意识的企业家往往愿意冒一定的风险以获得市场当中的先发优势。基于上述的范围内涵，与大家共同探讨初创小企业成功与富贵的行动路径。

　　今天，我们话题的主角是小企业。宏观层，中小企业作为我国国民经济发展不可或缺的部分，是推动经济发展、促进社会稳定的基础力量。因其在提高经济效率、扩大就业、缩小收入差距、保持经济活力，以及维持市场结构等方面有着不可替代的重要性，所以备受政府重视，并有着利好的政策环境与发展前景。

　　微观层，我们却看到小企业面临的生存困境：科技进步对企业的技术创新能力提出了高要求，小企业为了保有自己的核心竞争力在技术创新上心有余而力不足。在竞争激烈的市场环境下，这些企业受制于企业规模小，抗风险能力弱，没有足够的资金或资源来进行原创性的研发，更承受不了不确定的研发周期和研发失败带来的损失。根据网络数据，国内的小微企业死亡率非常高，存活5年以上的企业不到7%，存活10年以上的企业不到2%，中国民营企业平均寿命仅3.7年，中小企业平均寿命更是只有2.5年。面对技术创新风险巨大，且需要长期高额的研发投入等系列现实问题，缺乏资源的小企业自然不敢轻言创新。所以，保险起见，多数小企业都会选择"模仿、降低价格、迅速扩张"等保守稳妥的典型路径，通过管好生产、降低成本，先活下去再说。

小企业是否真的不能做技术创新？

答案是否定的。回看30年前的通信市场，华为还是一家名副其实的小企业，却经历三场"生死豪赌"；而这三次"生死豪赌"中，让我们看到了华为的"细"，也看到了华为的"险"，更看到了华为在"细"与"险"中取得的成功。直白地说，华为在企业发展初期，不仅极富冒险精神，更具有直面风险的气魄，它用自己的方式突破了小企业的创新困局，迎来了自己的新生，并用实际行动证明了小企业可以做技术创新。

华为这种通过聚焦缝隙产品或过渡性产品开发的方

式，恰恰是适合小企业特性的一种经营与发展战略，能够帮助小企业快速找到与其他中小企业不同的地方，创造自有产品的差异性，从而弯道超车，赢得市场。

成立于1987年的华为，在创业早期依靠倒买倒卖艰难生存。一个偶然的机会，开始代理香港鸿年公司的用户交换机产品，算是踏入了通信行业。当时的中国，正值改革开放初期，电信事业发展逐年加快，电话作为一个新鲜玩意儿正以蓬勃之势兴起、发展，与此密切相关的交换机需求猛增。但国内厂商由于技术差距巨大，没有相应的生产能力，国家不得已采取"以市场换技术"的策略，大量引进日本的NEC和富士通、美国的朗讯、加拿大的北电、瑞典的爱立信、德国的西门子、比利时的BTM公司、法国的阿尔卡特等来自7个国家的8种不同制式的交换机设备，俗称"七国八制"。华为没有资格代理这些大品牌，只能凭借香港鸿年公司的HAX交换机，占领一些农村缝隙市场。

任正非很快发现，做代理不是长久之计，巨大的市场需求和国内供给的空白蕴藏着历史性的机遇——那就是自主研发替代进口。一旦国内厂商突破技术壁垒，并以低成本进入市场，就会打开电信市场的缺口。当然，机遇的另一面是极大的风险。试想一下，连"七国八制"产品代理资格都拿不到的一个边缘市场边缘产品的民营代理商，用现在的话说甚至可以叫"皮包公司",恐怕随时可能因为一个政策或市场的变化而资金链断裂,自主研发的底气从何而来?前方迎接它的将是怎样的惊涛骇浪?

华为的第一次豪赌就在20世纪90年代初,通过自行购买散件组装,研制出首款偏低端的自主知识产权的用户交换机BH01,并在市场上供不应求。华为开始照着这款产品的电路和软件,精准1:1复印印刷版,再进行自己的电路设计和话务台软件开发。通过模仿式创新,推出了第一款自主研发的小型模拟用户交换机BH003,后来的升级版被称为HJD48。

当时的华为租下了深圳宝安县蚝业村工业大厦的三楼,分隔为单板、电源、总测、准备四个工段,库房、厨房在同一层,床挨着墙边一溜排开,床不够就在泡沫板上加床垫代替。所有员工包括公司领导,以此为家,通宵达旦地工作,累了就趴在桌上,或者席地而卧。在最艰难的1991年,华为收到的订货预付款已经用完,账上没什么资金了,产品再出不来,客户追上门来要货、要退款,公司就得破产。直到12月,这款自主研发的产品终于通过了邮电部的验收,取得了正式的入网许可证,命悬一线的华为才得以绝处逢生。1992年,这款产品大批量生产,进入市场,年产值突破1亿元,利润上千万元,任正非泪流满面地说了一句:"我们活下来了。"[8]

第一场豪赌中，华为"险"在资金断裂，命悬一线，却因坚持取得了正式的入网许可证而绝处逢生。也因此，华为从农村缝隙市场，走向研制偏低端的自主知识产权的用户交换机，实现了华为由销售代理向自主研发转型的雏形。华为初次技术创新成功。

擦干眼泪的任正非很快开始了第二次豪赌，把赚来的全部利润投入到大型电信局用交换机的研发中。从"用户交换机"到"局用交换机"，表面上看只是相差两个字，但无论是产品的技术要求，还是市场竞争的激烈程度，都是天壤之别。

1993年，在华为投入巨额开发费用和全部研发力量，历经一年艰苦奋斗之后，第一个局用交换机产品JK1000终于开发成功，并在同年5月获得邮电部的入网证书，然而技术的快速进步以及外国巨头的合围，使这款采用空分模拟技术的产品生不逢时。

当时，由于计算机技术的发展，全数字式的局用交换机在功能、性能、成本上都大大优于空分局用交换机，各大外国巨头纷纷向中国电信局提出"通信网建设要一步到位"的思路，华为JK1000一诞生就面临被淘汰的尴尬局面。

后来，华为通过反复地宣讲，结合一些市场关系，终于还是卖出了200多套。但毕竟是第一次开发局用交换机，缺乏经验，电源防雷没有做好，打雷的时候，好几台使用中的设备起火。还没来得及改进和稳定，到1993年年底，在外国巨头的合围引导拉动下，"一步到位"的思想完胜，客户几乎全部转向提前采购更先进的技术和设备，华为JK1000就这样彻底失去了市场。

前面我们提到创新的两面性，它有时很残酷，稍有不慎，满盘皆输。初创期的华为还是一家小企业，同样会遭遇创新失败。"电信局用交换机"的惨败，给华为上了沉重的一课。从那时候起，华为认真反思总结，将工作做细做实，专门组织优秀的研发骨干，时刻追踪最新的技术发展，做产品规划，并展开竞争对手产品信息的收集和分析。

"失败是成功之母"，一次失败并不代表什么，更重要的是善于从失败中学习总结，从跌倒处爬起来。华为清楚，这次输掉市场只是一次短暂的"下蹲"，而"下蹲是为了跳得更高"。它没有因为这一次失败退缩，相反，它依然坚持着创新之路。

1993年，风雨飘摇的华为，在任正非的坚持下，孤注一掷加大投入，将宝押在了C&C08数字交换机项目上。退一步，便是万丈深渊，这第三次豪赌显然是华为最后一搏，生死存亡在此一举。

根据当事人回忆，任正非站在 5 楼会议室的窗边，对全体干部说："这次研发如果失败了，我只有从楼上跳下去，你们还可以另谋出路。"可见任正非决心之大、勇气之巨，他赌的不仅是华为的全部"家当"，还有自己的命。(1)

那时候，很多员工私下讨论最多的是公司哪一天破产，因为华为是真的穷得发不出工资了。任正非四处筹钱，从银行借不到，就向其他企业以高达 20%~30% 的利率拆借，也就是借高利贷，但在产品开发的投入上仍然毫不吝啬，大把地花钱：上百万元的逻辑分析仪、数字示波器、模拟呼叫器等最新开发工具应有尽有。就这样，华为不计成本地快速聚集所有力量在这个项目的开发上。

在 C&C08 最困难的时候，功能不畅，故障频出，华为的工程师整天愁云惨淡。任正非每天都去员工宿舍给工程师打气。有一天，他激情澎湃地对大家说："十年后，华为要和 AT&T、阿尔卡特三足鼎立，华为要占据三分之一的天下！"在场的工程师哄然大笑，心想"这老板真能吹"。

1994 年，C&C08 全面通过广东省邮电科学研究院测试鉴定，并在当年于北京举行的中国国际电信设备展览上首次亮相，获得极大反响，当年销售达到 8 亿元；1995

年通过邮电部的生产定型鉴定，并借中央"村村通"计划的宝贵契机，农村包围城市，当年销售超 14 亿元，此后每年翻倍增长；更在 1996 年被中国香港和记电讯商用，首次服务内地以外的运营商；1997 年进入俄罗斯，首次进入国际市场；后来一度销往全球 50 多个国家，2003 年 C&C08 交换机已累计销售千亿元，成为全球历史上销量最大的交换机。C&C08 不仅是一款产品，更是华为未来发展的基石。华为后来的一切业务拓展，包括传输、移动、智能、数据通信等，都是在这个产品平台上发展起来的。❶

在这次押宝 C&C08 数字交换机项目的决策中，华为破釜沉舟、背水一战并险中得胜，成为华为创业崛起之路上里程碑式的关键一步，也形成了华为著名的"压强原则"，即在决定成功的关键技术和既定的战略生长点上，以超过主要竞争对手的强度配置资源，要么不做，要做，就极大地集中人力、物力和财力，实现重点突破。(5) 至此，华为摸索出了一条适合自身发展的技术创新之路。

回顾华为早期的这三次豪赌，除了对技术创新通路的探索，也有"偏执狂"压强式的"聚焦"；每次决策都命悬一线，而最终华为能够活下来，与其说功夫不负有心人，倒不如说是压强原则为早期处于"敌强我弱"境地的华为找到了置之死地而后生的出路。

---

❶ 农村包围城市：一部商业史. 2018-10-25.

用《孙子兵法》的话来说，"备前则后寡，备后则前寡""无所不备，则无所不寡"。无论前后左右，从任何一个方向准备，都不可避免地导致其他方向力量相对不足；而处处准备，就等同于处处薄弱。放在企业管理的情境下，需要和大家分享的观点是：企业多元化投入就如同战场上分散兵力，可能造成核心竞争力的缺失；而战略性聚焦则好像集中兵力攻其要害，可能在竞争中带来实质性的优势。前面提及华为早期采用的"压强"战略，也被称为"聚焦"战略，体现在小企业研发策略选择中尤为明显。

具体来说，小企业从资金、人员、政策扶持等关键资源上都处于劣势，但是企业可以躲开与大而强的企业的正面竞争，避实击虚，专注于相对窄的市场或某些特定群体，即聚焦一个突破口，集中力量看准一件事，由整体的"弱"变为局部的"强"，在某一个阶段、某一个方面领先对手，创造出自己的产品优势与竞争力。所以，创业初期及成长中的小企业，不管有多少美好的想法，都要做到战略性聚焦，加之持续攻关、艰苦作战，就有可能脱胎换骨，一战成名。

此外，聚焦战略在服务或商业模式领域同样适用。比如，格兰仕在早期聚焦在微波炉这样一个单一产品上，迅速形成市场口碑；移动互联网公司小米在早期聚焦在手机这样一个单一产品上，培育起忠实的消费群体；酒店集团如家在早期聚焦在快捷酒店这样一个单一的产品模式上，快速地拓展市场；腾讯早期聚焦在游戏业务这样一个单一的收入来源上，积累了广泛且高黏度的用户基础；春秋航空通过聚焦在廉价航空的细分市场打响了品牌……所以，无论是技术、产品，抑或是服务，在企业成长的早期都可以采用聚焦战略，集中所有的精力在一个单一用户需求的点上去突破，而不是面面俱到，形成压强原理，造成对于竞争对手的相对竞争优势。

哈佛商学院著名的战略管理学家迈克尔波特提出，基本的竞争战略只有三种：成本领先、差异化和聚焦。对于小企业而言，尤其具备风险意识的小企业，即使在资源有限的前提下，如能找准缝隙产品或过渡性产品予以开发聚焦，同样能实现创新发展。

不过需要注意的是，当企业发展到一定阶段之后，如果固守聚焦战略，将会遇到市场边界的瓶颈，丧失更大的市场机遇，或者面对竞争对手集中、边界消融的风险。此时，对于中等规模的企业，系统性和技术路线的选择将变得更为重要。

不在非战略机会点上
消耗战略竞争力量

厚积薄发

03

选择哪条路去"罗马"

向华为学创新

"条条大道通罗马"，这句话出自《罗马典故》。相传公元前 3 世纪，出于罗马帝国势力扩张的军事征服与经济发展诉求，罗马人修建了一条贯穿罗马南北的中央大道，可以与德国、法国、奥地利和瑞士等国相连；公元前 2 世纪，罗马人又修建了西北与东南方向的两条大道，将首都罗马与意大利、英国、小亚细亚局部地区、阿拉伯和非洲等地连成了一片。这个以罗马为中心，通向四面八方的道路网络，就是古罗马建筑奇迹中举世闻名的"罗马大道"，是罗马帝国实现统治强化与经济繁荣的时代产物。现在常被人们用来喻指可以通过多种不同的方法和途径达到同一目标或者收获相同的效果。

　　但面对众多的方法与路径，如何选择、取舍呢？就如韩愈在《君子法天运》中提到的"利害有常势，取舍无定姿"，利益与损害总是固定的形势，但如何取舍却没有一定脉络。我们是选择自己擅长的路走，还是另辟蹊径？这个问题并不好回答，很多时候，我们甚至受困其中。

华为在早期通过聚焦战略取得了成功，这几乎代表了很大一批企业的共性：在早期，通过聚焦在一个点上穿透，最终打造赢利模式，得以生存，并且通过快速扩张，形成一股强劲的上升势头，实现爆发式增长。然而历史经验表明，增长之后的固守，结果可能是被颠覆。比如诺基亚手机在巅峰之后黯然退出；联想曾一度抓住机会选择由 PC 转向移动，却又悄然滑落。诺基亚失败在于触屏智能手机时代到来了，而它仍在固守物理按键，最后被时代抛弃；联想手机失败在于互联网营销蓬勃发展、线下渠道发力升级、高端智能机研发日新月异，而联想手机仍固守运营商补贴浪潮，最后随之潮退。

由此，我们开始意识到：发展到中期的企业固守自己擅长的方向并不见得是一个好的选择，相反，及时获取或开发新技术，转换到新技术的轨道，兴许是良策。于是，对于新技术的选择变得尤为重要。

越是主动的抉择，对决策者而言就越不容易，这是一个风险与机遇并存的合体，并不是每次选择都可以安然落地。在华为的发展历程中，就曾经历两次艰难的抉择，华为也因此饱受煎熬。

时间回到 1995 年前后，任正非对华为产品战略的描述是："我们要继续坚持'压强原则'，即集中力量在一个点上、一个面上有重大突破，这样逐步改善公司的总体条件。"这一次，他们将"压强"放在了 GSM 身上，而放弃了 CDMA 的技术路线。

当时，华为开始进入移动通信市场，并着手无线领域的研发。无线虽然是大家都看好的未来通信网的潮流和趋势，但无线领域的制式较多，政策风险较大，而研发需要的投入更大。当时主流的两种制式就是 GSM 和 CDMA。在华为看来，GSM 的技术更加成熟，并且更加开放；而 CDMA 中的所有高端技术全部被高通公司所垄断，华为很难突破技术壁垒；更何况从历史发展进程来看，从全入网通信系统技术到 GSM，欧洲制式一直是中国市场的首选。因此，华为判断，GSM 是代表未来中国市场发展的方向，而 CDMA 不会在中国获得规模化应用。

于是，在 1996—2000 年，华为只在 CDMA 上投入了几个人的追踪研究，并没有在产品研发上投入兵力。在 2000 年前后，华为曾在深圳石岩湖搞过 CDMA 开发的"尖刀"攻关小组，一个百人团队在石岩湖封闭了 4 个多月，竟然就突破了技术难关，把全套 CDMA IS95 系统开发了出来。但任正非还是下令不再继续商业化的开发，因为这样会使公司有限的资源过于分散，必须将所有的资源聚焦到 GSM 上。

华为在 GSM 上投入了上千人的研发力量和大量的研发经费，经过两年的努力，创造出中国首个自主研发 GSM 系统，并在 1998 年获得全套设备的入网许可证。与此同时，中国最大的运营商中国移动采用的 GSM 设备在中国通信市场取得成功，带来了巨大的市场机会。但与摩托罗拉、爱立信、诺基亚等外国公司的成熟产品相比，华为 GSM 产品在技术上始终不够完善，为从竞争中突围，迅速争抢中国移动的 GSM 市场，华为主动打起了价格战。然而此时，摩托罗拉、爱立信、诺基亚等外国公司的手机终端在中国的销售量开始飞涨，它们一手 GSM 手机终端产品，一手 GSM 网络产品，在与华为 GSM 网络产品的价格战中，采取了大幅降价，以手机终端的利润和销售来弥补网络设备成本的策略，GSM 网络产品几乎逼近成本销售，华为毫无价格优势可言，市场一直难以突破，直到 2003 年，华为在 GSM 上还没有盈利。[1] 在 2001 年邮电分拆之后，中国电信最终未能拿到移动牌照，中国联通也没有像华为预测的一样选择 GSM，而是选择了 CDMA，等到华为得知消息，扭回头杀进去时，却已经措手不及。在 2001—2002 年联通的一、二期招标中，华为接连败北，中兴在联通 CDMA 项目上赚得盆满钵满，而华为颗粒无收。

不难发现，华为在面对 GSM 和 CDMA 的技术路径选择时，出于对用户需求的判断，猜测用户将会选择 GSM，因而放弃了对 CDMA 的开发。然而，企业在做重大战略技术路径的选择时，不仅要关注用户的需求，还要关注到对手动态和竞争格局的转换。日本麦肯锡的负责人大前研一提出一个"3C 战略三角形",认为企业在思考战略的过程当中,至少应该关注三个 C,分别是企业 company,客户 customer 和竞争对手 competitor。显然,华为在面临 GSM 或 CDMA 的技术路径选择时,仅仅看到了客户的需求,却忽视了对手的动态情况。当时的"七国八制",诸如摩托罗拉、爱立信、诺基亚等外国公司,它们采用的都是 GSM 的制式;而它们的规模和体量已经相当大,所以可以通过多产品线互补架构下的互补品策略,在网络产品上对华为形成绝对的价格优势,而在终端产品上来创造利润弥补这样一种互补品的策略,比华为的单一网络产品策略有优势得多,如果华为的产品在当时被竞争对手彻底赶出市场,竞争对手就可以在网络产品当中进行提价,获得更加丰厚的利润。因此,小型企业采用的聚焦战略,随着企业规模的成长和竞争格局的放大,就逐步暴露出单一产品下的竞争劣势;而华为在此刻面对 GSM 领域强大的竞争对手显得捉襟见肘,可以采用的对策十分有限。与此相对应,中兴选择了 CDMA 的道路,这条路虽然凶险,但是它的竞争却没有那么激烈,而且中国政府决定对移动公司进行分拆,在原有中国移动一家独大的基础上,又重新组建了中国联通,使得竞争从单一的供应商扩展到供应商和运营商的全产业链。不同的技术路径各自形成了它们所属的战略阵营,这样的战略阵营给竞争格局带来了全新的变化,这是华为当初没有料到的。

直到今天，业内仍有观点认为，错失CDMA是华为的两大决策失误之一，而其另一个失误就是错失小灵通业务。

世纪之交，移动通信快速发展，中国电信由于没有取得移动牌照，面临移动和联通的竞争，压力非常大。传统固网在快速下滑，电信迫切需要手机业务来拯救自己。病急乱投医，电信不得已采用了PHS技术，其终端产品就是十几年前的小灵通。PHS技术1996年在浙江余杭开始测试，1998年1月小灵通正式投入使用。2000年6月，原信息产业部下发通知，将小灵通定位为"固定电话的补充和延伸"，这标志着限制小灵通发展的政策有所松动。自此，各地电信的PHS小灵通开始提速建设。

又一次到了华为决策的重要关口。一些市场一线的代表纷纷上书，要求公司做小灵通，甚至一些高级管理人员也颇为心动，毕竟当时只要投入2000万元的资金和30位左右的技术骨干，最多半年时间就可以研发出产品，为公司形成上百亿的年销售收入，……但任正非最终还是决定不做。因为PHS技术落后，有快速行进时信号较差、功能少、使用范围小等缺陷，小灵通始终无法实现一定速度条件下的稳定通话，例如在乘坐公交车时通话随时可能掉线。任正非态度很明确，PHS技术很快会被淘汰，小灵通是个短暂的赚钱机会，华为是一家"为未来投资"的企业，宁可赔死，也不去做过时的技术。因此，华为建议电信采用CDMA450作为无线本地环路，绰号"大灵通"。

大灵通在2002年的湖南益阳有了一个比较大的应用：将以前同频段的公安应用收编过来，用CDMA450手机进行了替代，效果非常不错。然而很快，在2003年年初，监管部门发出通知，要求除了西藏等偏远区域之外不得采用CDMA450。原因非常简单，CDMA450技术太先进了，如果电信借此进入移动领域，联通就无法生存，这与当时"限制电信、扶持联通"的思路不符。小灵通因为技术落后，甚至被用户调侃"手持小灵通，傲立风雨中，昂首又挺胸，就是打不通"，就算基于其最大的话费便宜优势，能够有一定的市场，但是对移动和联通的威胁始终不大，所以信产部默许电信（和网通）使用了这个技术。也就是说，小灵通之所以得到大量的使用，不是因为其技术先进，而是因为其技术还不够先进。

小灵通从1998年上线，到2006年达到顶峰，直至2011年年底才开始没落，2014年谢幕，这款产品在中国一共存活了16年。它的命运，和当初任正非判断的一样，在一开始就被注定了，就是一个过渡的机会型产品，但是任正非判断的"过渡"是短暂的，而事实上这个16年的"过渡"已经很长。顶峰时期的2004—2005年，全国有多达 7000 万名用户，基本上是 UT 斯达康和中兴的天下。当华为幡然醒悟时，UT 斯达康与中兴在小灵通市场已经建立了牢固的客户关系，华为想插进一脚难于登天，并且 UT 斯达康与中兴已经凭借小灵通市场的蓬勃发展迅速发展壮大，中兴与华为的差距越来越小，而 UT 斯达康这样一家默默无闻的小企业甚至凭借小灵通一跃成为年销售额超过 100 亿元的明星企业，中兴、UT 斯达康、华为在当时的电信设备市场隐隐形成三足鼎立之势。

2002 年，随着网络泡沫破灭，全球电信投资大萧条，华为在战略上同时错失了 CDMA 和小灵通两块市场，首次出现了负增长，甚至"华为能存活多久"的质疑声在部分员工中扩散。据员工回忆，在 2003 年参加市场大会时，任正非曾亲口说，他知道自己犯了错误，只是大家给他面子不说而已，说的就是错失 CDMA 和小灵通的事。虽然现在大家纷纷事后诸葛亮，说华为不做小灵通，聚焦海外 GSM 拓展的战略高瞻远瞩，但任正非在 2014 年和华为上海研究所的专家们再次提到当年的巨大压力："我当年精神抑郁，痛苦了 8~10 年，我并不怕来自外部的压力，而是怕来自内部的压力。我不让做，会不会使公司就走向错误，崩溃了？做了，是否会损害我们争夺战略高地的资源？内心是恐惧的……"经过 CDMA 和小灵通事件，任正非强烈意识到，企业发展不能仅凭一人决策，研发不是赌博。虽然华为早期的研发也曾赌过，比如 C&C08 数字交换机的生死豪赌，而 UT 斯达康也是因为押宝小灵通而爆发，这符合通信领域的特点：研发周期长、投入大，竞争对手少却强，门槛高，因此押宝一项技术"押"对了，即刻"飞黄腾达"。

然而，科研毕竟不是一项能够简单拍脑袋、赌大小的工作。于是，发展到中型阶段的华为开始总结研发技术管理的经验，参照国际公司的规范化管理，逐步形成整套科学的研发管理体系和方法，提升产品创新、技术创造在企业管控中的决策准确度，这为以后华为的科学抉择和长期成长奠定了较好的基础。那么华为后续的创新发展是如何科学决策、合理选择的呢？这背后的逻辑究竟是什么？

常规情况下，任何一项技术都遵循着S形曲线"缓慢——爆发——再缓慢"的发展规律。这个规律需要经历以下几个阶段：第一个阶段是技术的萌芽期，还没有走上市场或只占有很小的市场份额；第二个阶段是技术的成长期，产品初有成效，却还没有找到充分的市场与之匹配，产品还在不断迭代和探索；第三个阶段是技术的爆发期，产品迅速占领市场，就如同投掷了火箭燃料一般，呈现爆发式增长，直至达到顶峰，也就是拐点；第四个阶段是技术进入成熟期，也就是S曲线增长逐渐放缓的阶段。

上述S型曲线能够实现公司稳定的线性增长，即公司按照原有的技术、产品、行业、市场渐进性地增长。但与此同时，我们也发现，当公司发展到一定阶段时，这个企业无论曾经多么优秀，或者某款产品曾经多么璀璨，长远来看，都会遭遇自身发展的天花板，很难再进一步向上发展。这样的困局要如何突破？

哈佛大学教授克莱顿·克里斯坦森在《创新者的窘境》一书中提出"破坏性创新"的概念。他把现有主流市场上持续改进产品性能的创新，称为维持性创新，而与此相对应，还存在另一种技术创新称之为破坏性创新。这是一条新的技术曲线，他不向主流市场提供更优的产品，反而立足于非主流的低端市场，即从 S 型曲线的底部出发，随着技术的不断改进，按照发展规律，逐渐赶超现有技术，直到与现有技术成长曲线相交，并最终取代现有技术，颠覆主流市场和主流厂商。

这就是跨越 S 型曲线的二次增长，也叫作第二曲线式增长。这种增长并不是在原有曲线里连续性地进步，而是非连续性地跳到第二曲线里。如何理解呢？用"创新理论"鼻祖约瑟夫·熊彼特的话说：无论把多少辆马车连续相加，都不能造出一辆火车出来。只有从马车跳到火车的时候，才能取得 10 倍速的增长。所以，第二曲线成为企业成功的新晋利器。

第二曲线的出现意味着重大技术路径的选择，判断新旧曲线的未来趋势从而进行企业研发方向的抉择，实际上是一种重要的战略决策，对于中型企业至关重要。这个抉择可能使中型企业一跃成为大型企业，也可能使其就此失去原先的领导地位。

从华为的案例中总结：首先，中型企业在研发当中的战略，不能够固守于当初的聚焦，而是要关注重大的技术路径的选择；其次，路径的选择不能只看客户的需求，还要关注竞争对手以及竞争动态，甚至是整个行业未来发展的演化，从而决定到底采取什么样的技术路径。

当然，不仅是华为，任何一个成熟型企业，如要持续强化自身的成功与竞争优势，找到第二曲线是关键。如下启示供参考：

（1）尝试在与消费者需求相关的领域开发和推广破坏性技术。

（2）这个尝试的领域可以不用很大，能够实现即时收益的小满足。

（3）在不断尝试、学习与再尝试的过程中逐步落地，提高成功的落地性。

（4）重视非主流的市场，不单一寻求技术突破。

希望每家企业都能够找到适合自身发展的第二曲线，找到通向"罗马"的那条正确的路。

04

扼住创新的脖子

向华为学创新

"一引其纲，万目皆张。"语出《吕氏春秋·用民》。大意说的是一提网的纲绳，许多网眼就会张开。其中，"纲"指的是事物的总要部分，"目"指的是从属部分，抓住总要部分，也就抓住了主要矛盾，问题也就迎刃而解。引申比喻：事情解决要抓关键，关键问题的解决自然会带动其他环节问题的解决。这个道理适用于秦相国吕不韦治国，也同样适用于当代企业治理。

中国经过40年的高速发展，已经迈入中国特色社会主义新时代，成为举足轻重的商业大国，并切实影响着全球经济。然而，如何规避中等收入陷阱，却成为迫切需要回答的问题。政学两界形成共识："创新"是唯一的出路。显然，创新成为新时代的"纲"。

那么，作为企业持续发展的基础与市场的制胜之道，创新应如何入手？我们如何能够牵住创新的"牛鼻子"，扼住创新的"脖子"，实现纲举目张？

论及创新，先和大家聊一聊日韩之间的角逐与较量。

2019年7月，日本将韩国排除贸易优惠"白名单"，加强对韩国出口管控，双方关系进入几十年来最恶化的一刻。受日韩贸易战影响最大的是韩国，韩国经济严重依赖于以三星、海力士、LG为代表的半导体产业，这些韩国科技巨头是全球重要的闪存、内存、面板生产商，但这几家企业的关键原材料皆依赖日本公司。日本对韩国限制出口的3种半导体材料堪称半导体"命脉"，全球70%以上的产量被日本垄断，由于半导体材料无法拆解，很难逆向模仿，所以日本在半导体材料的优势始终难以替代。

例如，日本在光刻胶领域有全球市场90%的份额，光刻胶是针对半导体厂商的完全定制产品，需要针对生产线进行成分结构的磨合、制作。此次日本加强管制的EUV光刻胶需要准确转印线宽不到10纳米的图形，这比头发丝的万分之一还细，因此在对特殊光线的敏感度等方面具有极高的要求。这种产品难以仿制，利润不菲。

此外，日本企业在高纯度氟化氢领域有近90%的市场份额，有9成氟化氢出口流向韩国。氟化氢的毒性和腐蚀性很强，这需要使用特殊材料设备。氟化氢用于生产树脂时，只需将杂质控制在千分之一以下，但制造高性能半导体则要求达到万亿分之一以下的水平。

当时，韩国业界推测，SK海力士剩下的高纯度氟化氢与光阻剂库存只剩下 1.5 个月可用。这意味着，韩国半导体、电视、显示屏都面临停产，韩国经济岌岌可危。在过去的 20 年中，虽然日本撤出了半导体领域的"主战场"，但在半导体的上游环节仍然实力强劲。自日韩贸易战爆发后，从日元对韩元的汇率变化可以看出，韩国货币简直是一败涂地，毫无还手之力。国际金融市场单方向看好日本，一目了然。

曾几何时，我们在谈论日本"失去了 30 年"，实则从另一个角度看，过去 30 年却是日本成功实现经济软着陆的 30 年，是日本完成经济转型、产业升级、苦练内功的 30 年。

30 年前的日本痛苦不堪，找不到方向。在广场协议泡沫破灭后，日本在半导体、家电、手机上的优势丧失殆尽。一方面，日本无力抗衡美国的全球核心高科技地位；另一方面，日本高昂的人工成本，无力面对来自中韩的低廉人工，日本的电子制造业、家电产业在短短 20 年内被中韩两国完全取代。日本在当时选择了一条痛苦的转型之路，抛弃了已经沦为低端制造业的家电类产业，一是全力向高科技的上游核心技术突破，二是全力向全球化突破，投入新材料、人工智能、医疗、生物、新能源、物联网、机器人等新兴领域。

今天的日本，敢于对韩国发难，原因在于对科技产业链的信心，背景却是当今全球大型半导体企业对稀缺材料的依赖。根据国际半导体设备与材料协会统计，在全球半导体材料约 5.8 万亿日元的市场规模中，日本企业的份额高达 50%。用于制造高性能半导体、利润率高的尖端材料方面甚至超过 80%。在硅晶圆方面，信越化学工业和 SUMCO 两家日本公司拥有全球市场的 60% 份额。在光刻胶上，JSR 和东京应化工业等日本企业在这一领域握有 90% 的市场份额。根据汇总的资料，日本公司在半导体、机器人、工程机械、机床等八个领域中具有影响力，日本公司要么控制 50% 以上的份额，要么就是掌握了高端核心技术，对产业链影响很大。

如果我们依然沉浸在"日本消失""日本无欲望社会"的幻觉中，那么只会令我们无法看清楚真正的日本。今天，可以不夸张地说，这个世界上几乎所有高科技公司，如三星、Intel、苹果，如果没有日本的高精度设备和生产工艺，这些公司至少要倒退 10 年。仅 iPhone 里 1000 多项核心部件中，就有一半以上来自日本。

2000—2016 年，日本每年至少拿一个诺贝尔奖，仅次于美国，位居全球第二。根据汤森路透的排行榜，全球创新企业 TOP100：日本 40 家，美国 35 家；在 2014 年之前一直是美国第一，2014 年之后被日本超越。"今天的日本，没有当年的朝气和冲动，已经像一个中年人，却

更加低调而强大。"❶

日本对韩国的这招叫"釜底抽薪"。釜底抽薪的关键是抓住主要矛盾，一些影响战争全局的关键点，恰恰是敌人的弱点。粮草辎重，如能乘机夺得，敌军就会不战自乱。细看日本的转型策略：其举国之力攻坚"高科技上游核心技术""全球化"，抛弃原低端制造业的家电类产业，就是抓住了问题解决的"本源"。

回看我国，在最近的中美贸易中，我们也被美国抽了一次"芯"，"芯片"的"芯"。不禁让人们反思中国在芯片设计领域的薄弱。芯片行业研发投资周期长，技术含量高，研发难度非常大。如果企业不主动跟进最先进的基础研究，必然处处受制于人。

中国有很多科技巨头，但除华为研发能力强外，很多公司都处于应用层面，互联网巨头们纷纷将手机支付、打车、点外卖、手游、电商作为核心业务，都算不上基础科学，没有不可替代性，也很难出口占领境外市场。马化腾曾坦言："虽然我国移动支付在全球领先，但实际上只是科技应用，回归到基础的科学研究还是比较薄弱。"

---

❶ 世人终于看清日本真相：所谓消失三十年，竟是个遮天骗局！ 2019-08-09. 亚汇网．

为什么中国基础科学如此薄弱呢？

2009 年以来，我国基础研究活动几乎全部在政府部门所属的研究机构和高等院校中进行。历年来，政府资金占我国基础研究投入的比重平均为 90% 以上，而企业基础研究投入平均比例仅为 5%，远远低于国际行业领军企业 20% 的水平。全世界最大的芯片公司 Intel，2007 年以来研发投入高达 1096 亿美元，且几乎都用于芯片研发，远远高于华为、中兴研发投入的总和。

高等院校主导的基础研究多数是纯粹的基础研究，产出成果以论文和著作为主。由于这种基础研究与产业实际需求方向偏离较远，企业很难从中受益，即便受益，也需 10~20 年。对于处于竞争市场的企业而言，产业需求驱动型的基础研究才是其真正需要的研究领域。

诚然，在发展初期引进国外的先进技术、参考现有的基础研究成果是企业得以迅速发展的阶梯和扩大规模的捷径。同时，基础研究由于风险大、收益不确定、耗时长等因素往往不被企业重视。我国的研发人员 70% 以上都在企业工作，如果企业不进行基础研究投入必然会降低我国企业总体的创新产出。

当前中国处于经济结构转型的重要时期，创新成为未来我国经济社会发展最重要的动力，企业更应当发挥自身

扼住创新的脖子 / 04

优势，加强基础研究，提升创新能力，实现全球制造价值链从底端到顶端的转变。随着中国劳动力成本的上升，我国出口的成本优势也已不复存在，创新则是提高全要素生产率的唯一方法；而企业作为众多研发人才的聚集地，理应承担起应用导向的基础研究的重任。对于不断变化的全球化竞争，中国企业作为研发人才最多的聚集地必须承担起以应用为导向的企业基础研究，才能建立自己的竞争壁垒。❶

言下之意，很多中国企业一度热衷于选方向、追风口，盲目于面面俱到，普遍撒网，但事实与结果告诉我们，这些无法从本质上解决"受制于人"的问题。所以，面对挑战，机遇与之并存，软肋也可以是铠甲。当我们意识到创新的重要性时，更加意识到创新必须具备强有力的内力修为与扎实的基本功，否则，一切创新都将止步于"空中楼阁"。对于企业，自己的命运自己把握，我们必须重新认知创新，而"关注创新结构与底层逻辑建设"就是创新的"纲"。

大部分企业在发展早期，以模仿式创新为主，对别人已经成熟的招式进行模仿学习；在成长为中型企业之后，技术路径抉择的落脚点也更多放在吸收借鉴先进底层技术

---

❶ 刘骐源，谢富纪. 应用导向的企业基础研究对企业创新效率的影响——基于工业企业数据的实证研究 [J]. 科技管理研究，2019.

上，进行具体产品的研发，对别人正在练的招式抓紧突破。那么成长为行业高手的大型企业呢？内功的修行就体现为底层技术的研发和突破。

华为迈上千亿规模之后，创新思路和创新战略也悄然变化。用任正非的话来描述："以前，我们靠着西方公司领路，现在也要参与领路了，我们也要像西方公司一样，努力为世界做贡献"。这与英特尔公司副总裁提出的达维多定律异曲同工：一家企业想要在市场中总是占据主导地位，那么它就要永远做到第一个开发出新一代产品，第一个淘汰自己的产品。华为的目标正是由追随者成为领路人；而领路，依托的就是自下而上的研发，即在底层技术上构建竞争优势。

在任正非看来，产品创新的先决条件就是有理论基础支持，理论基础必须是创新的基本前提。在理论基础支持下的创新，才更加牢固、更加坚实。

这里举两个例子，第一个例子是华为海思。海思是一家半导体公司，成立于 2004 年 10 月，前身是创建于 1991 年的华为集成电路设计中心。海思总部设于深圳，在北京、上海以及美国和瑞典建有分部。

业界之前流传过很多有关海思的笑话，最典型的一个：据说海思成立之初，任正非给海思定下的目标是，尽快实现营业收入超过 30 亿美元，员工超过 3000 人。结果，第二个目标很快就实现了，第一个目标却迟迟见不到希望。面对外界的质疑，海思员工给出的答案一般都是：做得慢没关系，做得不好也没关系，只要有时间，海思总有出头的一天。

自中美贸易摩擦以来，华为遭到美国暴力制裁，华为海思总裁何庭波的一封致员工的信里，字里行间流露出海思人的五味杂陈。信中说："多年前，还是云淡风轻的季节，公司做出了极限生存的假设，预计有一天，所有美国的先进芯片和技术将不可获得，而华为仍将持续为客户服务。为了这个以为永远不会发生的假设，数千海思儿女走上了科技史上最为悲壮的长征——为公司的生存打造'备胎'。""数千个日夜中，我们星夜兼程，艰苦前行。后来的年头里，当我们逐步走出迷茫，看到希望，又难免有一丝丝失落和不甘，担心芯片永远不会被启用，成为一直压在保密柜里面的'备胎'。今天，命运的年轮转到这个极限而黑暗的时刻，超级大国毫不留情地中断全球合作的技术与产业体系，做出了最疯狂的决定，在毫无依据的条件下，把华为公司放入了实体名单。今天，是历史的选择，所有我们曾经打造的'备胎'，一夜之间全部'转正'"。

华为多年潜心研发芯片，备胎芯片完全有能力"转正"，挽狂澜于既倒。然而，华为海思芯片使用的是英国 ARM 公司的底层技术。没多久，ARM 宣布与华为暂停合作。如果把底层技术比作是一块块砖瓦，那芯片产品就是由砖瓦修建起来的高楼大厦，底层技术的丧失无异于万丈高楼变成空中楼阁。任正非公开表示，华为早就在做 RISC-V 开源架构的研发，而 RISC-V 构架可以替代 ARM 的构架，也就是说，华为有能力从底层独立研发自己的芯片构架。

一些人为华为的深谋远虑点赞，一些人为华为的未来感到担忧，我们难以想象华为多年来默默坚持聚焦底层、深入钻研理论、持续自主研发、不断试错背后的孤独与艰辛。

华为海思的经历证明了要在集成电路领域胜出，需要的不仅是顶尖人才、巨额投入，还需要足够的耐心与坚持。多年的投入，海思也取得了傲人的成绩，2014 年收入为 26.5 亿美元，到 2015 这个数字则上升到 31.2 亿美元。[1]

任正非曾在一封内部邮件中表达："不懂战略退却的人，就不会战略进攻。"华为要"退"的是不能领先、生命周期短的产品，要"进"的是基础理论和底层技术。一直以来，我国高科技领域普遍注重应用层面的开发，在理论研究和底层技术上鲜有投入，虽然可以迅速积累发展资金，但在技术链、供应链上会存在不少断点，由此导致的

---

[1] 华为海思麒麟：中国半导体真正崛起. 2014-06-07.

短板就有可能成为企业的致命罩门。正如 ARM 断供有可能对华为芯片未来的技术和服务升级形成障碍，此时若没有 RISC-V 的替代，华为的芯片之路就可能真的要从头再来了。因此，大型企业的底层技术不仅是企业领先于竞争对手的核心能力，也是关系到企业未来的生死命门，放弃底层的研发，不仅将失去成为行业领头羊的可能，同时也会失去自我防御机制，给竞争对手釜底抽薪的机会。

第二个例子，是华为的 2012 实验室。

华为在世界上创新资源积聚的地方建立了 2000 多个能力中心，还特意成立了著名的"华为 2012 实验室"作为华为的总研究机构。"华为 2012 实验室"下设多个二级部门，针对不同技术进行相应的研发，还在欧洲、美国、俄罗斯、日本等国家和地区设立了海外研究所，全部聘请教授级专家进行产品研发，每个研究所的功能与定位也各有不同，从而实现了不同研究所之间的有效互补和协同配合。研究方向总体涵盖云服务、美学设计、纳米技术、未来网络、新能源、大数据、无人驾驶、人工智能、AR/VR、高级算法等全部关键底层技术领域，为华为的创新理论研究打下了坚实的基础。

底层技术的创新和突破往往难度极大，需要长时间的反复试验、迭代和改进，更需要持续、大量的资金投入，而最终研发的结果却具有很强的不确定性，谁都不能确保成功，适合成规模的企业去尝试。这是一条在黑夜中看不到终点的路，唯有一路披荆斩棘。早在2001年，杨元庆参观华为，当时联想要加大研发投入，做高科技的联想，任正非就曾对他说："开发可不是件容易的事，你要做好投入几十亿，几年不冒泡的准备。"可见，任正非很清楚存在的风险并对风险有深刻的认识，但他依然以破釜沉舟的姿态选择了研发的道路。

对于基础研究的高风险，华为有一个很好的应对策略值得中国企业借鉴。华为强调，以"卖得出去"作为技术研发的指南，即技术创新以客户为中心交付价值。早在2002年的某次市场例会上，任正非曾形象地指出："技术人员不要对技术宗教般地崇拜，要做工程商人。技术是用来卖钱的，卖出去的技术才有价值。华为如果死抱着一定要做世界上最先进的产品的理想，我们就饿死了，会成为梵高的'向日葵'"。他重申，技术创新要坚持商业导向和价值导向，也就是说，要瞄准市场需求，抓住市场变化规律，把握机遇进行研发创新。前面提到的RISC-V开源架构的研发以及华为海思芯片产品的研发，都遵循了这一原则。

回顾华为的成长历程，其技术研发战略经历了不断调整的过程，华为的底层研发，尤其是基于市场需求且领先对手半步的理论突破和技术突破，是攻守兼备的适时之举。正所谓"纲举目张"，一方面，底层的研发可以进一步保证和提升大型企业的市场地位，为未来发动更大强度的进攻做好准备；另一方面，对底层技术进行研发并申请专利保护，也可以加强大型企业对未来行业的技术控制，进行有效的自我防御。这条路并不好走，需"劳其筋骨，饿其体肤"。6年是一家企业应用基础研究见效的一个关键时间点。研究表明，基础研究的周期由10~20年缩短为5~10年。企业只有保持对基础研究投入的强劲势头，才能使中国产业创新最终实现从模仿创新向原始创新的转变。❶

---

❶ 李培楠，赵兰香，万劲波，等.研发投入对企业基础研究和产业发展的阶段影响［J］.科学学研究，2019（1）.

05

放弃单选题

向华为学创新

放弃单选题 / 05

"器欲尽其能,必先得其法"出自《论语》。字面含义为想要工具发挥它的作用,必须先明白它的使用方法。同理,也可用在新产品创新这件事情上。产品创新,作为企业保有核心竞争力、长效立足市场的"利器",其所发挥的作用不言而喻。但产品创新并不是一件轻巧的事情,它是一项投入与风险都高的经营活动,受制于企业内外部环境的不确定性,尤其是外部的环境。

在现实中,产品创新不当,未达预期值,甚至因为创新失败而直接导致企业利益受损的案例比比皆是。以谷歌眼镜为例。2012年4月,谷歌"拓展现实"的谷歌眼镜问世,它具备智能手机一样的功能,可以通过声控拍照、视频通话以及辨明方向,还可以上网冲浪,处理文字信息和电子邮件等,这算是谷歌的一次大创新,既智能又高大上。但是,理想很丰满,现实很骨感:造价为1500美元的"天价"眼镜,因成本过高,缺少应用,设备漏洞,分散注意易造成危险,等等,多方面问题,被迫于2015年

1月终止。或许我们可以说谷歌眼镜出现得太早，但我们无法否认的是谷歌耗时三年研发的穿戴设备，因创新不得法而无法被人们接纳，终究是竹篮打水一场空。

上述案例显示的问题，是新产品开发中一个非常典型的"创新性与风险性"之间的问题，不仅出现在过去的谷歌甚至更早，至今依然备受企业关注。如何平衡产品开发的创新与风险，是企业发展到任何阶段都会面临的课题。

转向国内通信领域。20世纪90年代，国内通信设备厂商形成了"巨大中华"的组合，分别是巨龙、大唐、中兴和华为。四家公司肩负着国产通信设备和国外巨头公司分庭抗礼的重要使命。可惜的是，其中的巨龙公司因为严重依赖它的04机产品，没有做到产品、技术、科研的与时俱进，很快就被后来者超越。在当下"互联网+"的时代，对于任何一家企业来说，创新都是必不可少的。否则，一不留神整个行业就可能被颠覆。谁也不曾预料到，流行几十年的方便面，竟然有朝一日被快递小哥所颠覆。

通信领域风险极大。早在20多年前，竞争残酷的"海鲜市场"，早上还热卖的龙虾如果没有及时出货，晚上你降价都没人要。一个个看上去红火的企业在技术升级、产品换代的大潮中稍晚一步，商机转瞬即逝。从赚得盆满钵满到破产清算，往往只需要几个月的时间。

如何抓住客户的心？如何在激烈的全球竞争中保持优

势？在任正非的带领下，华为坚持以客户为中心，推崇研发创新，这就是华为的"利器"。据华为年报披露，2018年总共实现了7200亿元的销售收入，投入研发的费用高达1015亿元。如此高昂的研发投入是华为核心竞争力的保障。我们熟知的苹果、三星、微软、思科、亚马逊这些世界巨头无一不重视研发。从数据比对上我们不难发现，在研发投入的规模上，华为已经和思科非常接近了。华为的研发投入占总收入的比例呈逐年上升的趋势，而思科则相对平稳。这说明在总体力度上，华为还是比思科更加重视研发。华为这么大的研发支出到底花在哪儿了呢？华为的轮值CEO徐直军曾介绍说："华为的研发费用在内部分为两大块：第一块是产品开发投资。满足客户需求，为其提供产品和解决方案。第二块是面向未来的研究和创新。2016年这一部分占整体研发投资的17%，剩下的83%投向了满足客户需求的产品和解决方案。"[11]可以说，没有在研发创新上持续的坚守，也就没有华为如今的地位。

但我们不能片面地去理解研发创新，认为钱花得越多越好，技术越牛越好，产品迭代升级达到极致越好，很多公司和产品就死在这个牛角尖里。乔布斯很伟大，做出的苹果手机惊艳了全世界，取得了巨大的商业成功。但是他在苹果手机之前，也连续推出了很多失败的产品，比如Lisa电脑、麦金塔电脑。在20世纪80—90年代，它们都是技术顶级的产品，价格高昂、设计考究，但市场却弃之如敝履。所以，做企业或者产品的首要任务是赢得利润，生存下去。这适用于初创期缺乏技术和利润沉淀的小企业，也同样适用于"巨无霸"的百年老店。

在如今的市场环境下，客户需求的复杂性、多样性比十几年前要高得多。街边一杯简单的奶茶，都有柠檬味、芒果味、草莓味，三分甜、五分甜、七分甜等多种口味。除此之外，产品周期短暂，商业实现速度快也是当今市场的一大特点。今天大家都在讨论某名人吃汉堡的照片，明天就能在网上买到各种这位名人吃汉堡的手机壳和T恤，并且现货销售。快销行业如此，其他行业也是这样，因为大家都是在供应链上，或提供原材料，或提供设备，或提供信息传输的通道。客户要求立等可取，已经没有耐心去等待企业十年磨一剑，也没有精力和能力去自己摸索组合不同功能。在这种情况下，如果一个企业或产品能快速地提供一站式体验，满足多方位需求，那么，它就抓住了制胜的法宝。所以，以"颠覆式创新"的思路从无到有地设计、生产一个产品，无疑已经远远落后于这个时代；取而代之的是"广泛采用整合、改进、小型化等方式为客户提供解决方案，保持产品弹性，响应客户需求，主动迭代产品，为客户创造价值"的思路，这种方式帮助很多企业获得了成功。以瑞士军刀为例，瑞士军刀最早由德国人生产，起名"瑞士军刀"，因为它是瑞士政府给他们的士兵发放的随身小工具。用过的人都知道，它轻便精巧，除了具有士兵刀的主刀、钻孔锥、开罐头起子等功能外，还增加了两把小刮刀和一个开瓶钻，后来还有了镊子、指甲锉刀、放大镜。不同的功能组合，不同的产品型号，不同的市场定位。它的产品中，"逍遥派"是男士的贴身好伴侣，大小功能都适中；"典范"是女士的至爱；指甲锉、小剪刀，再加上灵巧的小镊子，走到哪儿，都可以方便地修理指甲、眉毛。"瑞士冠军"功能最多，也是应用范围最广的型号，最适合野外考察、旅游度假、宿营驻扎。

我们回到华为这个案例上。华为在海外市场的成功主要得益于两大架构式的产品创新：第一个叫作分布式基站。它的设计思路说起来很简单，就是将大基站变为小基站，但是对于运营商来说，这个设计不仅可以降低30%的运营成本，在安装难度上也降低了不少，更加环保、省电，同时覆盖效率也更高，特别适合人烟稀少的偏远地区。这项发明深受欧洲市场的欢迎，目前它成为全球范围内移动运营商在部署移动基站时的重点考虑方案。第二个发明就更厉害了，它被工程师称为"性感的技术发明"，一出生就是石破天惊。什么样的技术才能让"冷酷硬核"的工程师们都觉得它"性感"呢？它的名字叫作 Single RAN。它的设计理念是：一个网络架构、一次工程建设、一个团队维护。简而言之，就是通过统一的无线资源管理、统一的网络规划系统优化、统一的传输资源管理，来支持不同技术制式的融合和演进，这使它成为网络演进与技术革命之间矛盾的完美解决之道。这两项技术的创新是华为复合式创新精神的典范——为客户创造价值，继承和改进现有技术。

很长一段时间，因为缺乏标准协议以及技术不断地迭代，运营商必须面对多制式、多频段并存的局面。波段间的鸡同鸭讲，设备更新带来的高额成本投入，规划设计方案多变带来的兼容障碍，是运营商亟须解决的问题。融合技术的发明，让高额的通信固定资产投入可以延续使用，而这对于整个通信行业来说都是重大利好，并且从理论上，至少可以帮客户减少50%的建设成本，只有足够低的成本才能实现商业上的推广。这两项技术让运维商无论在电站的建造、运维，还是在成本控制和技术升级中都能获得比之前更好的体验。华为在不断地和客户交流中，发现了客户的痛点，结合自身对行业的深刻理解以及技术的深厚积累，进行了兼容多制式、多场景的，非常具有针对性的创新。它使华为在全球第一个实现了多载波聚合，进而实现了2G、3G、4G三种无线通信制式的融合设计。欧洲和美国的技术先行者们，本有机会实现这样的突破，但他们把自己束缚住了，认为GSM从2002年后就已经没有发展前景，直接去搞3G、4G了，结果还是华为从底层扎扎实实做起。

21世纪之初，华为就进入欧洲市场，但欧洲可是GSM和3G的技术发源地，当时有阿尔卡特、爱立信、西门子、诺基亚4家电信设备巨头深耕其中。傲慢的欧洲人不给华为半点机会。没有渠道，没有品牌，没有信任，怎么办？那种焦灼，只有经历过绝望的人才能体会。当时，荷兰有一家规模较小的运营商叫 Telfort，它购买了一张 3G 牌照，准备建网。它使用的设备是由诺基亚提供的，规划中它遇到了棘手的困难——空间。机房空间很小，根本摆不下第二台机柜。他找到诺基亚，提出需求："我们需要一个更小的产品能兼容摆放 3G 的机柜。"诺基亚说："不好意思！我们没有这种产品。单独给你们开发规模太小。"碰壁后，他又找到当时的市场老大爱立信，诚意满满，表示愿意终止和诺基亚的合作，跟爱立信合作。爱立信说："对不起！我们不可能为了你改变我们的方向。"就这样，Telfort 在快要破产的情况下，遇到了华为。华为此时正苦于没有订单，找不到突破口。当时在欧洲的拓展团队听说这件事后，第一时间登门拜访，打探对方到底遇到了什么困难。调研结束后，华为人声称："给我八个月时间，我给你做一个 DVD 大小的内部基站，其余外挂都放在户外。"如果基站那么容易拆分，诺基亚和爱立信也不会断然拒绝；而华为是在对手抛弃订单的情况下如获至宝。八个月后，华为真的拿出了自己的分布式基站。故事到这里并没有结束。人算不如天算，Telfort 被荷兰皇家电信收购，新的运营商将华为设计制造的全网设备全部抛弃。就这样，华为在欧洲市场再次回到原点。

到了 2007 年，世界金融海啸前夕，同时也是移动通信 3G 发展的关键窗口。运营商一方面想紧跟潮流部署 3G 基础设施，另一方面在前期 3G 盈利失利的情况下，投资变得非常谨慎。他们迫切需要延长 2G 网络生命周期。就在这种背景下，当时世界第一大运营商沃达丰找到了华为，它在和西班牙龙头公司的竞争中正处于下风。他们想在 900MHz 频段上建设一张网络，初期能支持 GSM，后期能使得软件升级兼容下一代产品，沃达丰想到了华为的分布式基站。业界没有先例，实现起来非常困难；而华为也清楚，此战不成功，便成仁，他们无比重视沃达丰的需求，整个无线产品线倾尽全力投入研发，攻克了一系列难关，最终拿出了世界上第一台多制式共享平台的基站——华为第四代基站，并以此为核心推出了 Single RAN 解决方案。靠着这次的技术突破，华为终于在欧洲市场撕开了一个口子。德国电信、法国电信、西班牙电信、比利时电信等纷纷找华为帮他们做解决方案。2010 年之前，华为无线花了很多年去寻求立足，在西欧市场艰难地取得 9% 的份额。两年后，华为的市场份额已经飙升至 33%，稳居欧洲市场的第一名。这次的技术突破，一举奠定了华为无线的优势地位，风卷残云，横扫整个欧洲市场。后续，华为在 Single RAN 框架内持续引入新的制式与技术，不断推陈出新，在帮助各大运营商解决业务发展过程中所面临的问题的同时，也使 3G 到 4G 的过渡乃至 4G 的演进成为一片坦途。截至 2017 年年底，全球有 600 多张移动网络选择了华为 Single RAN 解决方案——从挪威的北极圈区域到俄罗斯的冰天雪地，从德国的农村到纳米比亚的沙漠地带，从菲律宾的热带雨林到澳大利亚的全球最南端，Single RAN 的足迹遍及全球六大洲的每个角落。

华为没有停下脚步，继续倾听前线的炮火，在技术前沿疾行探索。时间来到 2018 年，无线移动迎来了它最好的时代。人人皆移动，万物皆互联，来自新连接的商业机会不断涌现。车联网、智慧医疗、智慧城市、智能家居、智慧农业等物联网应用产生的连接，远远超过人与人之间的通信需求。与此同时，新体验的商业机会也头角初现。"低时延"开启了新的商业模式，前景非常广阔。在线移动游戏中，低时延技术能有效提升交互类游戏业务的体验，给运营商带来新的商业机会。在对战类游戏中，很多玩家都愿意通过购买加速包来降低时延，提升游戏体验。到了 5G 时代，随着云 VR 等大带宽、低时延业务不断出现，将为运营商带来更多的商业机会；而实现这一切的基础，是要有无处不在的网络连接，并且要足够灵活，提升多业务连接承载的效率。全球领先的运营商纷纷推出相关的套餐，加速新业务的试水，为 5G 新商业储备能力。市场期待新的解决方案，华为的 Single RAN Pro 应运而生。Single RAN Pro 提供了统一的硬件平台，支持快速、高效构建 5G 目标网，并向下兼容 2G、3G 和 4G，再一次使资源效率最大化并保护运营商现有的投资。相对于爱立信、诺基亚和英特尔推动的 5G 标准，华为更注重构建网络连接的生态系统，包括高通、沃达丰、德国电信、中国移动、中国联通、Bell 等主流运营商、芯片商以及设备系统产业链上下游都加入该阵营。这不是华为第一次与国际友商合作。在华为的发展过程中，始终强调"站在巨人的肩膀上"进行复合式创新，去主动突破自己固有的资源和能力的界限，用一切合法手段积极获取外部资源，积极投身到行业标准的制定中去。

发展中国家企业的创新，虽然大多采用的是模仿式创新的方式，但是在具体的路径上却有所不同。比如，比亚迪的对标式创新，海尔的技术整合式创新，华为的复合式创新，等等。其中，比亚迪采用的对标式创新，具体路径是，通过对标找到与先进企业产品的差异，然后对对标的对象进行拆解、复制、改进、整合，进而打造成自己的产品。相比较华为，这种方式更加保守。它的优点是，研发的风险性非常低，自主研发占比较小，在落后差距比较大的情况下，企业通过集中资源，通过员工的集体奋斗，能够快速缩短这个差距。它最大的缺点是，没有培养出企业自主研发的能力，执着于模仿，缺乏自主创新，也就很难去超越。海尔采用的技术整合式创新，它的优点是可以以非常快的速度去获得全球的先进技术，但是它的缺点也非常明显：一是贵，需要耗费大量的资金，需要进行全球范围的招标。二是这类的技术并购有很高的风险。买进之后是否物有所值，是否能整合、转化为自己的研发能力，都有很大的不确定性。华为采用的复合式创新，是在模仿对手的过程中，不仅能模仿生产出相应的产品，还能够吸收、改进先进技术，并且逐步增加自主研发的比重。从模仿到创新的过程就是一个自主研发能力不断提升的过程。

实施复合式创新，华为在三个方面与前面两种路径显示出明显的差异。

第一，价值创造。通过复合式创新，华为不但创造了竞争优势，还为目标客户带来了实质性的价值提升，从而帮助企业持续发展。

第二，身份差异。通过产品、技术、商誉、市场竞争力和品牌的建立，华为区别于其他的通信企业，实现了差异化竞争，巩固了在用户心目中的形象和地位。

第三，独特性知识。华为围绕着5G技术、芯片技术、基础研究，通过持续的大手笔的研发投入，积累了大量的独特性知识。通过管理手段和创意层面的创新，获得了可持续的核心竞争力。

复合式创新的优点是，能够循序渐进，降低风险，逐步培养出企业的自主创新能力。模仿，不是单纯地抄袭，而是有选择地将行业领先的技术、设计、功能、服务、流程、系统等应用于自身的经营管理，通过对上述要素创造性的复合，取得超越对手的竞争优势。华为从角落里的一棵幼苗成长为如今的参天大树，它的复合式创新恰是新时代、新市场环境下助力企业发展的又一把有利"武器"，值得研习借鉴。

06

专利是个好武器

向华为学创新

华为经过30多年的发展,它的核心资产已经不限于它分布全球的研发中心、流水线,商超综合体中的各类硬件终端,旗下十几万的研发"铁军",还有先进的管理思想以及深入人心的品牌形象,更重要的是这么多年来积累的知识资本。持续的投入使得华为成为全球最大的专利持有企业之一。截至2018年年底,华为累计获得授权专利87 805项,其中有11 152项核心专利是在美国授权的。被授权的专利,通常是在国际专利诉讼案件中作为法律判决的依据,所以说,一家企业拥有的授权专利数量某种程度上代表了它在业界的话语权。

关于专利,因其技术创新与独占特性,已然成为当下国内外企业参与市场竞争的核心要素;一项专利技术不仅关联巨大的经济利益得失,还决定着一个产品的兴替,甚至是一家企业的存亡。中国加入WTO后,我国在专利保护与维权意识方面进一步提升;随着国家创新驱动战略的实施,我国发明专利申请已连续七年位居世界第一,尤其在通信、计算机等新技术领域的标准必要专利，已经打破了西方发达国家无出其右的局面。由于中西方国家实施产权保护制度及司法体系的差异，我国专利涉外法保护因此遭遇管辖困境，这也直接影响到企业层面，作为后发展国家的企业是否应该遵循西方国家的企业制定的专利规则呢？

现实情况是，为了走出国门，占领国际市场，多数企业只能对专利适度保护，渐进式成长，无法完全对西方企业制定的专利规则置之不理；而我们通过对华为的研究发现，在专利保护这个问题上，即使面对西方国家的打压与遏制，华为仍然做到了后来者居上，走出了一条专利保护的引领之路。

古典政治经济学告诉我们，生产资料有土地、劳动力和资本。现如今，生产资料的范围被扩充了，除了传统的三要素，还包含知识资本和企业家精神。专利作为一种知识资本，它深深地改变了这个世界。

专利制度最早起源于英国。1624年，英国颁布了《垄断法》，这是世界上第一部现代专利法。专利制度的核心是，通过国家给予专利权人一段时间的独占权利，期间享有垄断的收益权。它鼓励发明者向社会公开他的技术，达到了一项发明被人类传承和分享的目的。实际上，它还解决了私权和公权平衡的问题。另外，专利公开可避免大量的重复研究及社会资源的浪费。人们可以互相启发，"站在巨人的肩膀上"研究出更高水平的技术成果。(1) 所以说，专利制度不仅可以引导和规范行为，更能为全社会赋能，让社会底层、有创意、有手艺的技术人员实现阶层的跃迁。我们不禁要问，工业革命为什么发生在英国？除了我们经常提到的海外殖民形成对资本的原始积累外，还有殖民过程中对世界贸易格局的搭建，从而引发的对外部需求的刺激，以及圈地运动对劳动力这一生产要素的解放及科学技术的发展。制度的力量同样不可小觑。到工业革命前夕，英国的专利制度是欧洲最完善的。在英国的工业革命中，专利制度提供的法律保障使得新技术的创造有了坚实的保障，涌现出一大批民间的技术匠人。专利带来的收入远远高于辛苦的劳作，大家突然发现，还可以这么赚钱，这极大地激发了各地的创新热情。珍妮纺纱机、瓦特蒸汽机、勃拉姆抽水马桶、戴维矿工灯，这些耳熟能详的发明都发生在工业革命期间的英国。再加上金融制度的创新，政治环境的保护，以上因素综合起来，大大推进了英国的工业化进程。工业革命下机器的广泛发明和使用，使得远距离大规模贸易成为可能，交通运输的蓬勃发展推动了近代全球城市化进程。随后，以电子和信息技术普及应用为特点的科技革命发生了，人类传输能量和信息的能力大大增强，人类历史开启了它惊心动魄的篇章。

事实上，美国人并非一直都尊重专利，敬畏知识产权。在 20 世纪 60 年代，间歇式雨刮器的发明者是一位叫

077

Robert Kearns 的发明家，他自己没有商业化的能力，就接触了福特公司。但是，福特公司在搞明白这个发明的原理以后，并没有和他合作，而是自己直接仿制生产，直到 30 年后，福特公司才给了他补偿。这样的做法，大幅削弱了创意市场变现的能力，同时也降低了公司内部进行创新的动机，可以说，是一种损人又害己的做法。后来，美国人充分认识到对专利的尊重有多么重要。❶ 到了 20 世纪 80 年代，美国企业开始了"圈知运动"，到各个国家去申请专利。美国某著名咨询公司将"知识管理""知识空间"都申请了商标；思科把命令行、接口、界面申请了版权；某银行将具体的操作方式申请了专利。美国对基础性专利的定义已经扩展到概念原理和操作方法，知识产权的概念被极大地放大了。更有甚者，成立了一种专利公司，他们压根没有多少实体，但是通过"圈知运动"积累的知识产权，在全世界找公司打官司，提出巨额的专利侵占赔偿。

下面来看两个案例。

HTC 曾经是全球最大的安卓智能手机制造商。在 2011 年前后，HTC 风头正劲，一时无两。当时不仅在中国市场，而且它在美国市场的表现甚至优于苹果。数据显示，2011 年第三季度，HTC 手机在美国市场的销量超过苹果，市场占有率高达 23%。苹果怎么会听之任之，坐

---

❶ Gans J S, Stern S. The product market and the market for "ideas": commercialization strategies for technology entrepreneurs[J]. Research Policy，2003，32（2）：333-350.

等HTC一步步吞噬它的"奶酪"呢？苹果的乔布斯对安卓系统早就"恨之入骨"，所以在面对HTC的时候，苹果举重若轻，拿了一个UI界面的小应用，对HTC发起了围剿。HTC是一家做手机代工起步的公司，所以无论是在自有专利数量、质量上还是在跨国专利纠纷处理的经验上，HTC都缺少知识产权方面的战略布局。就这样，苹果在首次启动对安卓阵营的对抗中，采用了一颗"专利地雷"就轻松取得了胜利。时任HTC总裁的周永明得知败诉消息后，一方面着手收购图形芯片厂商S3以充实自己的专利储备，另一方面表示自己已经研发出一款新型手机可以避免和苹果的专利纠纷；但市场风向已经逆转，很多研究者认为，HTC在研发上的战略失误是它迅速衰落的原因。如今的HTC在国内被华为、OPPO等一众品质优秀、深谙市场和客户的手机厂商死死压制，在国外也连连失利，先是在印度市场遭遇挫折，再是最近因为专利问题被英国法院判决"全面禁售"。孔子说"不迁怒，不贰过"，说的就是同一个坑，不要跳两次。

另一个案例主角是三星，对手还是苹果公司。2012年苹果对阵安卓系三星公司，发起了索赔金额高达27.5亿美元的诉讼，苹果对其申请专利保护的"用手指放大、缩小""连续点击放大"等几个功能向三星发难，向法庭申诉三星未经许可，抄袭侵权获取高额利润的行为。提交的证据包括一份投影片，上面显示，当初在设计Galaxy

手机时，三星的设计师被高层询问"如何才能与苹果更相似"。这份材料使三星公司在后续审判中完全失利，无法以原创设计的证据提出辩驳，只能通过质疑苹果专利的正当性来消除自己的不利影响。打铁还需自身硬，创新和知识产权保护两手都要抓，两手都要硬。三星在这次的较量中被判决赔偿 10.5 亿美元。

市场攻伐远不只是罚金的问题，苹果最想通过这个案件让全世界知道三星抄袭，让法院对它做出"禁售"的处罚，它更看重的是市场。之后苹果与三星在专利大战中你来我往，堪称电信行业的"世纪大战"。

苹果通过专利获益，用以捍卫自己的市场地位；手机芯片业大佬——高通公司也深谙此法，作为全球最大的芯片厂商，2014 年高通的净利润竟然有 70% 都来源于专利许可费，这可是闻所未闻、全球仅有的商业模式。过去两年，高通和苹果在 6 个国家打了 50 几场官司，平均每个月要约架两次。移动终端生产是典型的制造业，净利率低得可怜，只有 3%~5%。高通为什么遭人痛恨？因为它不是对手机中的芯片部分收费，而是收取整机价格的 4% 左右的费用。为此高通也受到各国政府的反垄断调查，被处以上亿美元的处罚。

综上案例，对比反观：因为缺乏知识产权制度发展的土壤，中国在此之前产生的几个重要的理论创新都没有得到应有的保护。20 世纪 50 年代，中国科学院的吴仲华发明了叶轮三元流动理论,西方国家利用这个理论发明了喷气涡轮风扇发动机。20世纪70年代中国到英国引进罗尔斯发动机生产的时候,英国向我国转让了此类技术。中方感谢英国对中国的支持,结果英国的科学家全都站起来向中国致敬,因为这项技术的发明者是中国人。还有一个案例是,1958年上海邮电一所就提出了蜂窝无线通信,这是现在无线移动通信技术的基础,也没有申请专利。直到1980年,中国申请加入WTO之际,中美进行知识产权谈判,中国才在外部压力下被动地对知识产权颁布保护法令。

经过30年的时间,中国建立了一个形式上跟世界基本相当的制度,但是我们的实质和内核却依然存在差距。不管是实际的法律条文理解,还是现实中执行的案例,都或多或少地体现出这样一种状况。在国内法院针对知识产权的诉讼案件,平均判赔数额是8万元,而美国是450万美元。如此低的判赔金额产生了非常坏的示范效应,许多企业往往放弃自己投入资源坐冷板凳去研发,而是选择去剽窃抄袭。

我们再回到华为来看。2016年,华为分别在美国加州、中国的深圳与泉州对三星发起了专利侵权控诉,指责三星未经授权在其手机中使用了华为的4G蜂窝技术、操作系统和用户界面软件。此举被业界看作是华为"全面超越三星的第一步，也是重要一步"。三星不甘示弱，强势回应，同样精心"挑选"了10项专利起诉华为涉嫌侵权，从智能手机操控技术到基础通信技术均有涉及。之后两个智能终端巨头起诉、反诉、判决、复议，打得好不热闹。有人说大公司之间的专利互诉是为了"秀肌肉"，也有人说智能手机和平板电脑行业的专利战争刚刚开始，还远没有结束。我们从数据中可以看到一些端倪，根据IDC数据显示，2015年IDC全球智能手机厂商出货量，三星、苹果、华为分别以22.7%、16.2%、7.4%坐上市场份额头三把交椅。2017年，这个排序未变，三星和苹果的市场占有率均有下降，华为有所上升。2018年，三星手机出货量仍然是第一位，苹果居第二位，两位老大哥都有不同程度的下跌，华为手机市场份额还在一路走高。我们从产品角度分析，三星的手机爆炸事件、苹果手机创意的式微都可能是华为市场占有率不断上升的原因，但通过曝光与三星的专利诉讼以及苹果签订的专利交叉协议，对华为来说都是很好的专利营销契机，通过专利方面的讨论，华为可以在全球树立自己的创新形象，进而获得全球用户的支持。

2003年，思科起诉华为，为了能一举击败华为，思科的法律诉讼文写满77页，反复强调华为侵犯思科的知识产权，损害其利益，这在美国市场上开了"不正当竞争"的恶头。与此同时，思科还借助舆论媒体势力四处散布"华为威胁论"，早在诉讼前就斥资1.5亿美元做了规模宏大的广告，想以法庭为主战场，凭借组合拳来遏制华为品牌在美国市场的发展。面对咄咄逼人、市场关系和政府关系同样根基深厚的思科，华为作为中国通信产品体系的代表，没有退步的余地。任正非当即给出指示："敢打才能和，小输就是赢。"在整体形势不利的局面下，华为步步为营，借助美国政府对反垄断的支持，寻籍问典，找到有利于自己的法律条款；联合一切可以联合的力量，包括律师、媒体和民间团体。双方派人斡旋近半年，法庭做出裁定，明确拒绝思科提出的"禁止华为使用思科操作软件"以及其他一些命令程序的要求。思科当然不会坐以待毙，抨击法庭偏袒华为，是认定了华为对思科专利公然抄袭的特殊性。2003年10月1日，双方律师均表示在源代码的对比上正式停战，第二天，两家企业达成了初步和解协议。

这起诉讼是华为迈向国际化过程中的一次洗礼。核心技术和专利的持有人大都是外国公司，诉讼中就连辩护律师都存在这种刻板印象——中国企业缺少核心技术专利，更相信思科、认同思科的说法。华为凭借着产品研发的强劲实力，以及"统一战线"的巧妙应用和不服输的精神，不但在美国市场上站稳了脚跟，还大大提升了自己的品牌知名度。

华为不仅在与思科之争中完胜，也成为高通最强力的过招对手。高通发家于2G时期，统治了整个3G阶段。

到了4G时代，虽然CDMA技术被淘汰，但作为具有深厚技术背景的企业，高通在通信的各个领域都有大量的技术积累和专利，依旧占据强势地位。一路走来的高通公司，手持专利和技术两把战斧，披荆斩棘。华为2018年共注册了1529项与5G相关的技术专利，而中兴、OPPO和中国信息通信研究院等公司共掌握了3400项5G相关专利技术。中国电信业5G专利数量占全球总数的1/3以上。韩国仅有2051项相关专利，美国更少，仅1368项。技术专利的有效期是20年，高通随着在3G、4G时代积累的专利优势即将失效，躺在专利门口收钱的日子怕是越来越少了。除了专利，在芯片方面，手机厂商们也在试图摆脱高通的束缚。近年来，三星加大自家Exynos系列芯片的研发投入与应用；而在与高通纷争中落败的苹果，也在开发自身的基带技术；华为的高端手机已抛弃高通，海思麒麟芯片的表现也得到了市场的认可。

近年，高通与华为的纷争多次霸占科技头条，但不是针对专利的庭诉事件。随着公众对华为关注越来越多，带着鲜明的狼性特色，世界都在疑惑华为会不会成为下一个高通。作为一只温室长大的"狼"，高通从小便过着顺风顺水的日子，在美国的资本喂养下长大，高通公司的决策只做对资本股东赚钱最容易的事情，所以无论是出售手机业务，还是退出基站市场以及依靠美国制定的国际专利法案四处"收取高通税"，高通也仅仅是在外界期待下活成了"资本宠儿应有的样子"。凭借垄断过着安逸日子的高通，如果没有华为出现，它的神话也许还将以无敌的姿态继续下去；但在 2019 年 5G 网络标准会议上，这只"圈养狼"恍然发现，青青草原的牧场，已经溜进了一只在饥寒交迫中慢慢长大的"野狼"。在未来世界的通信技术研发上，华为和高通可能还有一战。

任正非本人是知识产权保护的积极推动者，他在接受采访中也不断提出这样的观点：要想让中国的创新更近一步，必须尊重知识产权，那些热衷于抄袭和模仿的公司要付出巨大的知识产权成本。只有保护知识产权，才会有对创新的深度投资和积极动力。

事情慢慢发生了变化，苹果公司开始向华为支付专利费了。根据国家知识产权公布的许可备案登记信息显示，2015 年华为向苹果公司许可专利 769 件，苹果公司向华为许可专利 98 件。按照爱立信向苹果公司收取的专利费计算，华为每年向苹果公司收取的专利费高达数亿美元。华为为了拓展自己的主航道，通过交叉授权合理付费扩大自己的国际市场空间。因为销售额的扩大，华为实际支付给各大国际巨头的专利许可费每年都在增加，但是随着华为专利申请数量的不断积累，通过互换性许可取得的专利许可比例在上升，直接付费的比例在下降。苹果公司向华为专利付费，让我们再一次意识到：专利，是个好武器。

从上述国际知名企业的发展路径来看，我们不难总结出一个规律,自主创新都是要经历"模仿"的成长过程的。在初期发展时,技术研发以跟踪开发为主,以学习、借鉴跨国公司已经成熟的技术作为突破点,这样做既降低了风险也减少了成本,可以在转瞬即逝的市场机会窗口间存活下来。在模仿过程中不断创新,以拥有自己的核心竞争力为目标,走出一条技术、管理全方位赶超的卓越之路。谁能掌握核心技术,谁就能垄断高附加值的高科技产品。为了击溃竞争者,华为不得不选择高起点技术,大手笔资金持续投入研发,放弃短期市场利益,为此还遭受"战略失误"的嘲笑。如今,它已完全具备了自主创新的能力,技术实力进入全球第一梯队。一方面开放合作,通过合理付费的交叉许可,创造和谐的商业环境,保证企业全球业务的安全;另一方面居安思危,积极积累自己的专利筹码,保障交换的能力。2015年以来,华为从专利之中获得了14亿美元的收入。在知识产权的保护上已对标全球一流企业。为了更严密地保护公司的知识产权,华为成立了专门的知识产权部,制定了全面、严格的知识产权、版权保护制度和流程,为其多年的海外业务拓展保驾护航。

专利制度的初衷是要鼓励创新,促进社会经济发展。高通的做法只能是自断其路,因为最好的防御是进攻。

未来的竞争,是科技的竞争。2008年6月,我国正式颁布《国家知识产权战略纲要》,标志着知识产权战略已经上升到国家战略层面,成为支撑我国实现全面协调可持续发展的重大战略之一。

华为,不仅仅是世界500强

07

随节奏起舞

向华为学创新

明朝张绅在《书法通释》中说："古人写字正如作文，有字法、章法、篇法，终篇结构首尾照应。故云'一点成一字之规，一字乃终篇之准'。"对书法章法的布局谋篇进行了高度概括。章法衍生之意，比喻处理事情的规则和办法。下面来看看华为的技术发展有何章法。

人类文明的发展离不开科技的发展。科技改变了人们的学习、工作与生活，更改变了这个时代。当今社会，任何企业的发展都离不开技术发展。然而技术是发展变化的，人类发展的不同时期对应的主导技术也不同；同时，由于事物发展的规律，新的技术出现后，原有的技术有一个逐步消亡的过程，并不能全部被否定，从而形成了技术多层次交互、多技术互融的特征。加上技术基于国家、民族特性以及政治、经济、法律、文化的影响，自然呈现出不同的技术形式，也决定了技术发展的不确定性。技术发展恰恰是企业创新发展的关键因素与内生动力，所以，"如何应对技术的不确定性"，成为企业发展始终关注、探索的课题。

很多企业认为，在技术推动公司发展这件事情上，只需要在技术上领先竞争对手，哪怕就只有半步，就有了超越对手的资本与维稳市场的实力。但事实并非如此。在这个"唯一不变的就是变化"的时代，打败你的不一定是竞争对手，而很可能是企业自己。

那么，如何让企业坚实地立于市场不败之地呢？

技术哲学家ＪＭ斯塔迪梅尔说过，"脱离人类背景，技术就不可能得到完整意义上的理解。人类不是人造物的附庸，而是具备文化属性的。那些设计、接受和维持技术的人的价值观与世界观及倾向与既得利益必然将体现在技术身上"。通俗地说，需求才是技术发展的基本动力，而这个需求包括物质需求、精神需求，自己、他人与社会的需要。我们找准客户的需求，了解技术发展的规律，随需求与规律的节奏起舞，自然"适者生存"。

在笔者以往的研究中，曾经提出"模仿式创新"的概念。也就是说，针对那些技术落后的国家，尤其是新兴市场企业，不应盲目地强调创新的先进性和原创性，而是应该从完全复制、模仿复制、模仿创新逐步走到自主创新。创新者有创新者的优势，模仿者有模仿者的优势，关键是在这个渐进的过程中，企业学习成长的速度以及对节奏感的把握。若过早进行自主创新，企业难以承受巨大的投入

和奉献；如果执着于模仿，则难以获得利润的提升，企业始终在价格战的边缘徘徊。❶

无独有偶，国内的牛力娟教授曾在2016年发表过一篇研究文章，将华为的成长划分为创业成功、快速成长和国际化成功三个阶段。她认为，在第一个创业成功阶段，华为采用的是技术模仿和产品追随的策略，而在第二个快速成长阶段，则采用重点跟进和适度领先策略，到了目前的国际化成功阶段，采用的是国际同步和部分超越策略，恰好印证了模仿式创新的推断。❷

上述理论相互印证吻合，我们得出：企业发展的不同阶段，需要有适配的研发战略与推进节奏，就如一部曲子，有属于自己的节奏规律。接下来，我们以华为为例，从它的研发三部曲中尝试找到企业成长背后的节奏。

第一部，企业早期草创阶段，研发节奏是复制模仿。

在创办企业初期，无论是资金、技术还是管理经验，普遍存在积累不够、沉淀不足的问题。创业人虽分秒必

---

❶ 陆雄文，孙金云.企业的核心能力与模仿式创新路径——新兴国家的视角[J].经济理论与经济管理，2011，V31（4）：64-71.
❷ 牛力娟.基于知识治理机制视角的华为技术创新路径分析与启示[J].科学管理研究，2016（4）：17-20.

争，奈何市场的窗口转瞬即逝。活下去，一切为了活下去。华为也不例外，任正非当时为了活下去甚至调研过减肥药和墓碑市场，不耻向所有人打听做什么赚钱。直到他打听到用户交换机产品，开始了代理的业务。这在 SWOT 的理论框架中是个优势和机会的组合策略。华为抓住国内交换机的市场机遇，利用自己在市场关系上的强项，为公司积累了第一桶金。

那是 20 世纪 90 年代，然而好景不长，这个没有门槛的赚钱行当很快就有其他同行介入，仅深圳一个城市，一个月之内就涌现出上百家的代理商。更要命的是，做代理还不能避免进出口政策的限制，上游供应商的限制。所以，客观地说，初期的华为从订单交付到维护，产品、技术、渠道、客户、政策风险，每一个事关公司命运的环节都拿捏在别人的手里，而这些都可以归为劣势和威胁。华为在这个阶段通过上下游垫付资金，稳固供应商和客户，用资金弥补技术和人才的不足，这是劣势－机会、劣势－威胁的组合策略。

此时的华为完全没有核心竞争力可言。一个企业没有它的核心竞争力，被碾压超越只是时间问题。华为面临第一次战略选择问题。一般而言，资金是创业者最头疼的问题，作为一个有理想的创业者，对任正非来说，最大的困难是战略选择：在丰沃的通信设备市场中，是赚当下的快钱还是未来可持续的慢钱？为什么强调战略选择？这里我们要阐述一个"企业绩效"的概念。企业绩效分为三个层次：战略绩效、组织绩效和人员绩效。企业价值的创造在这三个层次上是递减的。堆人头的绩效是人员绩效，疏通上下游关系的绩效是组织绩效，通信设备行业对社会产生的价值是战略绩效。多算者胜，任正非选择抓住这个机遇。

为了获得战略绩效就得有战略资源，创立自己的品牌，做自己的产品。然而彼时品牌无从谈起，产品需要的技术、人才都没有准备充分。怎样才能构建自己的核心竞争力？华为创建于科技个体户"泛滥"的时代，那时候的深圳随便拉几个人就可以成立一个小作坊，以快速模仿起家，产品的质量和创新无从谈起。与此同时，国内通信设备的市场牢牢地把握在外国人手中。任正非看准了国内通信设备的市场空间，也认清了代理产品前途堪忧，但是苦于没有其他资源去开发生产一个新产品，所以他采取了一种回避竞争的市场跟随者策略，其核心是紧随市场其他供应方，全面模仿、提高生产制造效率，别人卖什么我卖什么。从购买低端组装件开始，自己用元件组合，自己做包装，做说明书。为了控制产品按时交付，拿稳订单，早期做用户交换机的时候，华为人也曾经用复印机1∶1复印电路印刷板，比照着手工完成数千个触点焊接；没有检查设备，员工拿放大镜一个个目测检查有没有虚焊漏接的点；没有测试设备，全公司的工程师人工进行话机质检，一人两部话机进行听筒话务测试，艰难地完成调试交付。

到 20 世纪 90 年代初，华为有了一定优势，研发人才聚集，郑宝用、李一男的陆续加入让华为在技术发展上有了主心骨，开始在产品研发中加入更多自己的创意和想法。1991 年，华为开发出自己的 HJD48 系列产品，1992 年销售额首次突破 1 亿元，市场口碑初步创立。产品做不出差异化，任正非就强调服务差异化。他把优质的深度服务注入功能和外观都无新意的产品中去。也是在这个时候，华为开始深入客户，探索市场，倾听他们的诉求，坚持每个月给客户做免费培训，用最笨的办法，下最实的功夫，在业界慢慢形成了自己的口碑，逐步发展出自己的代理商。虽然有了一定的资金积累，但是技术的积累还是不够，与此同时，国外竞争者的实力不容忽视。1993 年，华为自主研发出 JK1000 产品，正是由于缺乏对外部竞争者和技术发展的深入观察，新产品推出市场后很快就被国外供应商更先进的产品替代，最终惨淡收场，卖出去不足 200 套。失利带来了反思，华为认识到分析竞争对手至关重要，于是他们加强这项工作的资源投入。

总结一下，华为在模仿复制这一阶段的策略特征：在研发重点上，贴合市场已有需求，跟进世界先进水平，确保不被淘汰，开展的自主研发也主要是在西方公司的成果上进行功能、特性的改进以及集成能力的提升，更多的是表现在工程设计、工程实现方面的技术进步。在核心技术上，没有取得什么突破，而是采取了更为务实高效的"拿来主义"：购买技术或者支付专利费获得应用许可；在产品的工程实现技术方面，提升生产工艺，更加重视产品品质，通过直接购买技术来缩短差距；在内部管理上，利用国内人口红利和稳定的经济环境迅速形成了规模优势。(2) 1997 年后，华为强化内部管理，推行以 IPD、ISC 为核心的管理变革，补足管理短板。这些措施使得华为在盈利上节节攀升，从 1993 年到 1998 年，华为每年都保持着营业收入 100% 的增长速度。

第二部，快速发展阶段，研发节奏是加快发展速度，领先半步。

2000 年前后，国内 3G 牌照还未发放，快速发展的华为在 3G 技术上的投入可谓倾其所能。任正非认准 3G 才是中国通信设备上在全球范围突破的拐点，紧锣密鼓投入大量资金进行 3G 的研发。"吾以往之不谏，知来者之可追"，没有核心技术会永远受制于人，所以，从 1998 年开始在 WCDMA 上投入"重兵"，到 2003 年年底华为在 3G 研发上投入超过 40 亿元。3G 的投入并没有迅速为华为创造利润和流动性，相反地，为了实现质的飞跃，巨大的聚焦投入牵制了华为在其他市场的布局。小灵通的"失误"一度让任正非陷入困惑。华为聚焦 3G 是由其战略决定的，可是没想到小灵通的市场周期和发展规模都比预期中的要长、要大，直到 2011 年，小灵通才应工业和信息部文件的要求全面清频退网。这次机会的错失，不仅让华为在现金流上损失巨大，还间接地给了中兴、斯达康等公司抬头的机会。如果当时华为进入小灵通市场，势必会加速小灵通的流行，反过来就会延缓3G市场的发展，而这正是已经在3G业务投下重注的任正非不愿意看到的。除了小灵通市场，华为在国内的市场份额被北电网络、摩托罗拉、朗讯、爱立信、中兴瓜分得所剩无几，接连在几次大的招标项目中，都以落标收场，一无所获。总结原因，就是技术过于领先，脱离了市场需求。

华为由此诞生了一条著名"军规"叫"领先半步"，即领先对手半步的研发节奏。综观全球，不乏因技术过于领先而丧失市场的案例。日本富士通曾在模拟交换机时代占据领先优势，却在成功光环的笼罩下放慢了创新速度，结果被西门子、朗讯、阿尔卡特等欧美电信巨头赶超。为了挽回败局，富士通耗费巨资，开发出比数字交换机更先进的400G的ATM交换机，却因为技术先进到市场无法接受的地步，最终惨遭市场淘汰。还有曾经发明并生产了世界上第一部电话，有着百年辉煌历史和技术积累的北美电信巨头北电网络，在3G逐渐成为全球热点的2004年，在爱立信、阿尔卡特、华为、中兴等众多优秀的电信设备商纷纷从2G升级到3G版本的背景下，却将自己成熟的3G技术出售给阿尔卡特，专注于当时最先进的4G技术研发，最终因技术超前而丧失市场。在任正非眼中，创新不仅要消除"新就是好""新就是一切"的观念，还要消除"超前就好""好就是快"的偏见，不能盲目创新，而要掌握节奏。他一针见血地指出："华为在技术创新上要坚持市场导向，要保持技术领先，但只能领先竞争对手半

步,领先三步就会成为'先烈'。"(3)

第三部,国际化阶段,研发节奏是自主创新,适度探索"无人区"。

国内市场的被动,是华为采取"出海"战略的原因之一。早在1996年,华为开始布局海外市场,过程非常艰难。华为海外军团遍布世界各地,无论是千里之外的江海雪原,还是硝烟弥漫的战乱地区,都有华为人不畏艰险和呕心沥血的身影。面对陌生市场的开拓困境和客户多样化的需求,华为的研发工作有了新面貌,在前期复制模仿的作业基础上突出了创新,不再拘泥于原有的产品结构,而是对市场和客户需求进行开拓性的研发,将自己的技术创新立足于客户,所谓从客户中来,到客户中去。秉持这一原则,华为脚踏实地地先做市场、后做技术。

这期间任正非提出了著名的"让听得见炮火的人呼叫炮火"的口号——前方呼唤炮火,准确及时地回传客户和市场信息,后方快速响应,提供高质量的解决方案,精准交付产品。这不是简单的一句口号,它牵动了华为一轮又一轮的内部改造,华为开始了对公司从上到下的权力分配、资源流转、支撑服务、考核评价等一系列机制体制的重新构建。华为研发从组织结构入手,兼之流程、制度规范及实施激励;借助中研部的成立,基本上改变了华为单产品开发作战、小作坊式开发的局面，形成集团军研发作战、纵横交错的矩阵式研发管理的先进组织。中研部建立起研发的公共技术平台，将专业分工进一步细化，对核心项目进行重点跟踪。对研发工作进行全面的规划指导、信息交流、人才交换，使得研发新产品的节奏感和稳定性较之前都有大幅度的改善。专利技术的继承和交叉引用激发出更多的创新，避免了重复开发，资源浪费。对外，华为秉持合作共赢的理念，量力而行，避免与高科技大厂牌正面冲突，改为与其进行技术合作的路线，通过合资、合作等方式，与行业巨头和科研机构建立广泛联系。正因如此，华为在技术上才在短期内实现突破和跨越。内外结合，把握研发节奏，华为实现能力范围内最大频率的共振。2009年，华为涉足手机芯片的开发，不久就发布了K3智能手机芯片。2012年，华为又发布了当时体积最小、速度最快的手机处理器K3V2芯片，正式步入高端芯片行列。

总结华为在这一阶段的发展，我们可以看到两个明显的特点：一方面，在领先企业进入的核心地带，先少配置研发资源，因为大企业已深耕其中，为了取得立足之地，需要尽量减少与领先企业的竞争和冲突；另一方面，在领先企业较少进入的"无人区"或边缘地带多配置研发资源，力求在边缘市场上占据一定地位后，再谋求扩大优势。利用这种结构性的配置资源的方式，再配合相应的内部管理，循序渐进地进入市场，相对和平地获得发展机会。华为研发的大笔投入已经持续了10余年，持续的追赶让华为在技术成果上的家底越发丰厚。在上一章曾经提到，华为已经在专利上对苹果、高通实现收费。在当前的资源配置中，华为已经有意识、有计划地保持研发的先进性。任正非按照全球客户资源的分布以及研发人才的能力状况，创建了多处研发机构，不仅如此，还将研发活动与机构分层，将基础研究与应用技术、产品技术分离开来，着眼于长期战略和未来优势，配置资源进行基础性研究。华为成功地实现了国际化发展阶段的转型。

总结起来，支撑华为三部曲发展的节奏规律：企业成长的过程中，因企业规模和所处竞争态势的差异，所采用的研发战略是差异化的。在草创阶段，宜推行产品复制追随策略；在快速发展阶段，宜聚焦推进领先半步策略；在国际化发展阶段，自主创新并适度开拓"无人区"，持续强化企业的核心竞争力。只有把握好这样的节奏，才能够保证企业在发展的整个过程中适时地把握当下的主流，提高研发的准确性，推动企业的成长。

08

纵横四海

向华为学创新

过去，在相当长的一段时间里，国内大型企业在研发方面多受掣肘。一方面，国内研发起步较晚；另一方面，高级研发人才短缺。国内研发能力不足导致许多企业开展新技术不得不采取"买来"的方式，或者成立合资公司去引进技术。这样的做法存在很大弊病，即"治标不治本"。一次性买来的技术和团队，未来如何自生长、自迭代，这个问题会长期困扰企业。土豪式的采购，合资途径学习，恐怕都不是解决问题的正途，缩小与国际研发水平的差距，要换一个解决思路。华为对此提出建立全球化的研发体系。

有一组数据，2017年全球共有68家跨国公司传出要设立研发中心，其中有41家隶属于中资企业，占总数的60%以上。这么一算，一年之内，全球每5天就诞生一个研发中心。从"引进来"到"走出去"，包括华为在内的企业主动拥抱更加广阔的海外市场，以搭上世界发展的快车。近年来，包括腾讯、阿里、百度、京东、长城汽车、吉利汽车等中国本土企业纷纷在海外设立研发中心。相比之下，华为做得更早，范围更大。到今天，华为在欧洲、亚洲、北美洲等地设立了23个研究所，成立了34个联合创新中心，与3Com、西门子等多家公司开展多方面的研发和市场合作。最新的消息是，华为在加拿大渥太华实验室开始研究6G网络以及可能的应用。

我们不禁要问：研发中心为什么要国际化？研发的国际化可以实现什么目标？显而易见，研发国际化的第一个优势是，因地制宜，满足当地客户需求。华为的海外研发机构紧紧围绕着"如何为客户创造价值"这一核心命题展开，从三个方面为客户提供价值：个性化的解决方案、低价格以及快速响应。华为在这三个方面之间找到了一个平衡点，塑造了新的竞争优势，从而对西方大企业构成了致命的威胁。

公司轮值CEO胡厚崑说："任何全球化的公司，都必须关注不同市场的本地化需求，并提供相应的差异化产品和服务，这样才能将全球的成功延伸到本地市场。"在中国，肯德基销售的油条和粥、星巴克销售的月饼，就是很好的例子。

在帮助土耳其电信网改的过程中，64路语音接入技术起到了关键作用，华为通过自己的创新优势，对其进行商业化和工业化改造，为土耳其电信提供了完美的解决方案。华为通过解决问题提高了自己的创新能力，为下一轮开拓市场做好了准备。

研发国际化的第二个优势是，广纳人才，吸引全球的尖端人才"为我所用"。华为对研发的高投入，意味着对高新科技人才的旺盛需求。2014年6月，公司副董事长、轮值CEO郭平会见了爱尔兰总理恩达·肯尼。这位总理问："华为为何选择在距离爱尔兰首都都柏林280千米外的科克建立研究所？"郭平回答："因为那里有一位网络架构的大牛人，他只愿意待在家乡，华为就在他家乡建立了一支研究团队来配合他。"[8]

华为在具有优质人力资源的国家和地区，比如中国、印度等国家设立研发机构，旨在获取当地丰富的人力资本和优良的研发环境。迄今，华为是全世界唯一用好中国人才和世界人才的公司。华为的16位院士中，有9位外籍科学家，7位中国科学家。[8]

研发国际化的第三个优势是，可以兼具不同国家在研发上的特长。以华为在中国以外的最大研发中心——印度班加罗尔中心为例。印度人擅长软件开发和项目管理，而中国员工则擅长系统设计和体系结构。华为的中方员工通过与印度员工的合作，来促进双方的技术交流。华为外派回国的这些技术人员往往能成为华为技术公司软件开发和管理的骨干。这对于企业而言，是一种快速培训软件技术开发人员的有效途径。

华为在美国、印度、瑞典、俄罗斯等地设立的研究所，通过跨文化团队合作，实施全球异地同步研发战略，有效利用了全球的智力资源。华为对海外不同研发机构的功能和定位也有所差异，从而实现这些机构之间的有效互补和协同配合。

例如，华为的大部分研究所都肩负着技术开发的重任：印度研究所负责软件开发，瑞典研究所负责无线业务技术开发，而欧洲研究所则是聚焦 5G 技术研发和创新。因为俄罗斯拥有大量优秀的数学家和工程师，俄罗斯研究所是负责基础研究的，通过软件打通移动网络中不同代际的网络，实现了 2G、3G、4G 网络的融合，大大降低了运营商升级到新一代网络硬件更换的成本。❶

创新，不应当是封闭的，而应当是一种开放与合作的行为。华为通过在全球范围内搜寻和购买先进技术、专利交叉许可等进行合作创新，不但能够加快自身技术积累的速度，而且还可以集中精力进行核心技术研发，这无疑对企业关键技术的原始创新突破十分有利。❷

研发国际化的第四个优势是，分散风险。因为无论怎

---

❶ 杨忠. 赢得死亡游戏——破解华为的创新之道 [M]. 北京：机械工业出版社，2016.

❷ 同上.

么封锁管制，10个研发中心不可能同时受到影响，在全球各地设立研发中心，可以视为一种战备需求。比如，澳大利亚响应美国抵制华为的号召，对其联合封锁，拒绝其参加澳洲的5G网络搭建，华为因此关闭了在澳大利亚墨尔本的研发中心，但这并不影响其他地区的研发和业务。

研发国际化的优点还包括可以在全球范围内平衡税收，提高公司信息安全。华为通过在企业内部搭建全球创新平台，24小时不间断地同步研发，进行全球专利布局，和竞争对手合作创新等手段达成了创新的全球化。在开发IPV6高端路由器时，数百位参与人员分布在班加罗尔、北京、深圳三地，但是凭借统一的配置管理工具，即使远隔千里也能异地同步进行产品开发。❶

《孙子兵法》中提到用兵之法要遵守"十则围之，五则攻之，倍则分之，敌则能战之"。意思是说，我十倍于敌就实施围歼，五倍于敌就实施进攻，两倍于敌就分割消灭敌人，有与敌相等的兵力要设法击败敌人。克劳塞维茨的《战争论》里也有一条非常重要的原则："用最大的精力使用我们可能动用的一切兵力。"在华为，"压强原则"是开拓国际市场过程中经常被提到的原则，首先就体

---

❶ 杨忠. 赢得死亡游戏——破解华为的创新之道[M]. 北京：机械工业出版社，2016.

现在创新的研发投入上。

自从开拓国际市场以来，华为每年都将销售额的 10% 以上投入研发，用持续、高强度的研发保证技术上的进步。在开发大容量综合网络集成系统 C&C08 万门机时，公司为了能领先于竞争对手开发出革命性的产品，几乎将所有的研发人员都投入到这项产品的开发中。

华为研发国际化的机构主要有两类：研发中心和创新中心。研发中心由公司直接投资设立，主要功能是进行探索式学习。此外，公司还与一流运营商共同成立了许多联合创新中心，主要功能是共同帮助客户解决成本、技术等问题，也就是说，创新中心承担了利用式学习的职责。❶

华为将全球市场视为单一市场，像在单一市场一样构建全球的价值链，并将全球的优质资源都整合到这个价值链里面，将其打造成一个全球化的创新平台，使每一个单一节点上创造的价值都有可能在全球范围内被分享。❷

不少跨国公司都和华为一样，在全球建立了研发中心，并取得显著收益。比如，早在 1998 年，美国高通就与北京邮电大学共同创建了联合研发中心，高通在韩国建立了研发中心，在中国深圳建立了研究电磁干扰的研究中

---

❶ 华为：攻克欧洲 . 2014-05-27.
❷ 华为轮值 CEO 胡厚崑：全球化和本地化是硬币的两面 . 2014-05-19.

心，还建立了一整套机制鼓励内部工程师创新，其中最具代表性的是 ImpaQt 项目和 QTech 技术论坛，吸引了上万名工程师参与。谷歌在瑞士的苏黎世拥有海外最大的工程研究机构，在法国巴黎有人工智能的研发中心，并计划在中国台湾建立硬件研发中心开发 VR 设备。三星在英国、俄罗斯、美国和加拿大都设有人工智能研究中心，并且计划在越南河内建立东南亚最大的研发中心。

当然，我们也要意识到，全球化也会给公司带来不少挑战，首先是更高的内部交易成本。因为全球化市场不像本国市场那样，有国内上层建筑的支持，而只能在各国社会制度的夹缝中生存。就算各国对跨国贸易和国际金融没有直接限制，这种双重魔咒也使得全球化非常脆弱，国际贸易成本高昂。❶

"我们很难在竞争中打败对手，"通用电气的首席行政官杰夫·伊梅尔特在 2005 年抱怨，"某个国家的监管机构，一时心血来潮改变了标准，我们就要随之对每个产品及其生产过程做出相应的调整。各国的监管体系错综复杂，在这样一个环境里运作，犹如在迷宫中摸索。"

---

❶ 丹尼·罗德里克. 全球化的悖论[M]. 北京：中国人民大学出版社，2011.

全球化给企业带来的第二个挑战是更高的管理难度。因为涉及跨国的组织机构，企业生存的难度更上一层，特别是对于企业规模和实力没有达到国际水平的中小型企业，国际化反而加快了被淘汰的速度。

全球化可能带来的挑战还包括差异化的文化整合。虽然华为员工在出国之前都会在培训部门接受相关培训，如文化之间的差异以及相关产品等课程，但是身在他乡，异地的文化、价值观、宗教和生活习惯还是会带来冲击和不适应。

华为是如何应对这些国际化带来的挑战的？为了激励更多的员工到海外市场上做先行者，企业不仅为外派员工提供更高的薪水，包括外派离家补助、艰苦补助、伙食补助等，还为他们提供更好的升职机会，给予他们充分的决策权和必备的资源，以提高他们在国际市场上的响应速度。

在海外艰苦地区进行工程项目的员工，公司每半年对他们进行强制性体检，体检不通过的，不再驻留。公司还对海外的行政人员进行传染病知识培训，做好医疗资源的考察和储备，使他们了解远程协助资源和公司相关政策。

为了配合研发国际化布局，华为内部的管理上也做出了一系列改革。任正非从1992年开始，先后到美国、日本以及欧洲等国家，走访了法国阿尔卡特、德国西门子等行业领先跨国公司。他是一位善于观察和学习的管理者，这些海外访问给了他许多触动。在1997年圣诞节前后访问了美国休斯公司、IBM、贝尔实验室和惠普 4 家公司，任正非深思熟虑地权衡之后，开始改造华为的管理。其中很重要的一项就是 IBM 集成供应链管理。当时，华为的供应链管理水平与领先跨国公司相比存在很大差距，公司的供应链管理仅仅发挥了 20% 的效率，存在很大的提升空间。

华为供应链管理效率的低下反映了中国制造企业的"通病"。尽管中国企业十分关注降低制造成本，但注意力却只集中在制造环节本身，很少关注制造环节以外的成本与效率，导致综合运营成本经常处于失控状态。❶

华为通过引入 IBM 集成供应链管理，对公司的组织结构进行调整，成立了统一的供应链管理部，它的管理内容包括生产制造、采购、客户服务和全球物流。完成后，它对提升华为在产业价值链的上游供应商和下游客户的管理能力方面所表现出的全球对接性，起到了至关重要的作用。

为了有效利用全球资源，经过 20 多年的筹划布局，华为形成了全球的多个运营中心和资源中心：在全球建立了 8 个地区部，55 个代表处及技术服务中心，销售及服务网络遍及全球，服务 300 多个运营商，产品与解决方案

---

❶ 项兵.项兵解析：华为的全球化战略[J].长江，2009.

进入德国、法国、西班牙、俄罗斯、美国、英国、日本等100多个国家，服务全球超过10亿用户，国际市场已经成为公司销售的主要来源。

公司轮值CEO胡厚崑曾说："在资本、人才、物资和知识全球流动，信息高度发达的今天，'全球化公司'和'本地化公司'这两个过去被分离的概念逐渐统一起来。华为的商业实践要将二者结合在一起，整合全球最优资源，打造全球价值链，并帮助本地创造发挥出全球价值。"

那么，是否所有创新企业都应该考虑研发职能的全球布局呢？结合华为的案例和具体的企业实际，我们建议，企业还要同时考虑内部条件，即企业自身的研发实力和技术代差、管理成本，以及外部环境因素，包括海外目的国的人才和经验等。

从内部条件来说，企业自身研发实力如果与海外目的国的研发水平可以接轨，则可以尝试研发职能的全球布局，反之，则容易给研发产出后的应用落地留下隐患，不宜盲目设立海外研发中心。从技术代差角度看，还应当考虑不同国家是否存在技术代差，如何弥合的问题，企业可以利用代差优势，将"先进国"的研发产出向"后进国"推广，实现更高的海外布局效益。在管理成本方面，初期海外开设的研发中心无疑是企业的成本部门，投资能否在未来换回可期的收益，管理者是否对投资效率有一定把握，也需要企业谨慎考量。

从外部条件来说，企业需要考虑目的国的法律法规、文化差异。目的国的法律制度健全，可减少研发的不确定性风险，保护外国投资者的利益，此时企业可投入更多资源，采取独资新建或并购的方式。针对目的国的政策导向，企业也可采取合资新建的方式应对目的国的限制性政策，采取独资新建或并购的方式来响应目的国政府的刺激性政策。目的国和企业母国之间的文化差异将影响企业对海外人力资源的利用效率。文化差异越大，企业越难以有效利用海外的人力资源。所以当文化差异较大时，企业应采取合资新建的方式，借助当地合作伙伴之力，逐渐适应当地文化。

总之，建立海外研发中心是中国企业"走出去"，获取国外创新资源、提升自主创新能力的重要途径之一。在经济全球化浪潮中，中国企业应重视在对全球创新资源优化配置中及早进行战略布局，根据自身特点合理选择海外研发中心的建立方式，构建自己的全球研发体系，提升自主创新能力。❶

---

❶ 张迺聪. 中国企业建立海外研发中心的方式选择 [N]. 光明日报，2015-10-07.

09

知本主义

向华为学创新

2000多年前的汉朝开国皇帝刘邦，被誉为中国杰出的政治家、战略家和军事指挥家。史书记载，楚汉战争前期，刘邦屡败屡战，但他知人善任，虚心纳谏，充分发挥部下的才能，运筹帷幄，最终击杀西楚霸王项羽，赢得楚汉之争，终于一统天下。

史料中曾用"力大能拔山，勇猛无比"来形容项羽，项羽本人并不弱于刘邦，但终败于刘邦，主因在于刘邦善于网罗各方人才。大家耳熟能详的三杰"韩信、张良、萧何"，鸿门宴上勇救刘邦的开国元勋"樊哙"，平定诸吕之乱的"周勃"，还有夏侯婴、陈平等，都是刘邦"智囊团"中的典型代表。刘邦使各方人才"各得其所，尽展其长"，他的胜利实则是团队的胜利。

网罗人才是个本事，根本在于你给人才什么，人家才愿意跟随你。这里涉及企业如何平衡可持续发展中的利益分配。首先，企业要在不损害发展的基础上，给投资人、股东合理的回报。其次，企业要承担社会责任，给员工有成长性的满足生活需求且值得期待的报酬。二者分配的问题时刻伴随着管理层。过去，企业习惯于建立一个市场化的绩效考核制度，也就是设置各种 KPI，定性、定量，设计复杂的关键参数，计算、分析，把员工的工作目标进行量化管理。绩效考核制度可以说是有用的、科学的，但未必是有效的。KPI 考核是一种以行为结果和资本作为基本度量的利益分配机制，是把人性因素排除在外的计算题，在渐进式发展中可以取得成效，但如果企业更需要的是打破旧模式的突破式创新，在利益分配中这就需要既做计算题又做心理题。

在这里，华为的创新是建立以知识劳动为基础的利益分配机制。华为在《人力资源纲要 2.0 总纲》里面提到"人力资源管理是公司商业成功与持续发展的关键驱动因素"，而人力资源管理的核心要素与人才、团队紧密相关。华为的员工规模达 18.8 万人，其中 8 万多人从事研究与开发工作，包括在职数学家 700 多人，物理学家 800 多人，化学家 120 多人，还设有专门的战略研究院等研究机构，研究人员约占公司总人数的 45%。如此庞大的团队规模，如何保证其不断适应企业发展的要求呢？我们从六个方面来研习、拆解华为的团队管理招式。

第一招：向军队学习，采用矩阵式管理模式

矩阵式组织是企业组织结构的一种，出现于二十世纪

五六十年代，至今已在诸多大企业中成功运行多年。例如IBM、西门子、通用电气等知名跨国企业，基本上采用矩阵式管理模式。

自1992年孙亚芳、纪平、江西生接手市场部，华为向军队学习，全力推行矩阵式管理，那么，它如何运用？又通过矩阵式管理获得了什么？

首先我们来了解一下华为公司的矩阵式组织架构。"华为公司的最高权力机构是股东会；股东会下设董事会，董事会的成员全部为持股的公司员工；董事会下设人力资源、财经、战略、审计四大委员会。华为的经营组织主要分为职能平台、BG（业务群）及产品组织、区域组织三大类。"[4]

在前面组织架构的基础上，从华为产品开发项目切入，看看矩阵式管理模式在工作中的具体运用。目前华为的产品开发项目团队采用重度矩阵式管理模式。产品开发团队的成员由产品开发经理和部门经理共同协商确定，项目成员在产品开发经理的领导下完成产品开发目标，而职能部门经理由原来的"管事管人"转变为只"管人"。在考核周期内，各开发经理将核心组成员的考核意见汇总到职能部门经理处，由职能部门经理统一给出对项目成员的最终考核结果。[1]

119

华为在产品开发过程中，让一个职能部门与一个专业部门为了同一个市场目标，交叉运作，联合作战，相互赋能支持，这种纵横交错的管理模式，让两个部门同时发力，双管齐下，实现了华为极强的执行力。一窥全豹，可见矩阵式管理为华为带来的积极意义。

当然，由于矩阵式管理网络庞杂，涉及管理层级多，实际工作过程中会存在弊端与阻力。针对这个问题，华为做了充分考虑，与矩阵式管理模式配套，华为制定了一系列的标准化流程，以确保矩阵式管理模式的运作效率与质量。

第二招："铁三角"作战（CC3）

"铁三角"在华为内部被称为CC3（Customer centric 3），就是以客户为中心，由客户线、产品线、交付线参与项目的三个主要部门组成，强调从客户需求的识别、理解到实现、交付的跨部门协调。[3]

"铁三角"最初形成，源于在苏丹一次投标失败的教训。2006年，华为苏丹代表处投标一个移动通信网络项目，在一次客户召集的网络分析会上，参会的七八位员工分别向客户说明各自领域的问题，因为只关心自己的一亩三分地，最后导致无法满足客户要求。自此，苏丹代表处决定打破部门壁垒，组建了以客户经理（AR）、解决方案专家（SR）、交付专家（FR）为核心的项目团队，这就是"铁三角"的雏形。由于实现了客户需求的响应闭环，效果改善明显，这种模式很快帮助苏丹代表处在2007年拿下了赛尔加尔的移动通信网络项目。从此，"铁三角"模式在华为逐步推广并日趋完善。

"铁三角"的精髓主要有三点：

第一，面向客户。在市场的最前端，强调使用联合力量作战，使客户感觉到一个统一的界面。

第二，聚焦目标。为目标而打破功能壁垒，形成以项目为中心的团队合作模式。任正非说："公司业务开展的各领域、各环节都会存在'铁三角'，'三角'只是形象说法，事实上，'四角''五角'甚至更多也是可能的。"

第三，推拉结合。用华为的语言来说，"过去的组织和运作机制是'推'的机制，现在要将其逐步转换为'推'和'拉'结合、以'拉'为主的机制。推的时候，是中央权威的强大发动机在推，对于无用的流程、不出功的岗位，是看不清的；拉的时候，看到哪一根绳子不受力，就将它剪去，连在这根绳子上的部门及人员也一并减去"。[4]

任正非说："我们后方配备的先进设备、优质资源，应该在前线一发现目标和机会时就能及时发挥作用，提供有效的支持，而不是让拥有资源的人来指挥战争，拥兵自重。谁来呼唤炮火，就应该让听得见炮声的人来决策。"

华为"铁三角"强调协同作战，能够提高公司运作效率，尤其在研发与市场体系中，效果显著，不仅能够及时地挖掘商业机会，更能够高效地推进经营目标的实现。

第三招：以结果为导向的绩效考核

为了保障组织有效运行，给予员工与其贡献相应的激励与待遇，从而激发员工工作热情，提升工作效率，华为因此严格绩效考核管理体系。

在《以奋斗者为本：华为公司人力资源管理纲要》这本书中有如下描述："坚持责任结果导向。每一个干部，从上到下都必须明确责任、目标。我们不相信，说不清道不明的人能将工作搞好。"❶

绩效考核抓关键。华为清楚地意识到，必须将关系到公司命脉、生死存亡的指标分解下去，公司才有希望。于是华为与高层领导全面签订个人绩效承诺书，层层落实各级主管 KPI 指标，将市场压力传递到各层级；并坚决执

---

❶ 任正非的《不前进就免职》，发表于 1995 年 1 月 10 日，是任正非在生产系统干部就职仪式上的讲话。

行"以结果为导向、末位淘汰"的考评制度,对不达任务目标的部门与个人实行降职、免职以及辞退的处分。华为的考核结果分为 A、B+、B、C、D 五个等级,半年执行一次。排名靠后的 5% 的员工,无论是管理层还是普通员工都会被淘汰,公司会与之终止合同。连续两个半年为 C 的,基本上会被劝退;为了规避部门内部正副职不合作现象,公司甚至明确,绝不能在本部门将副职提拔为正职。

能够感受到,华为的绩效考核管理并非只停留于制度的字表层面,而是贯彻执行在工作的各个环节。举两个例子。

第一个例子,大家都知道"华为助力云南移动,实现了丽江古城 4G 网络质量全面提升",但不知道丽江古城因为是核心景区,物业难协调,网络部署工作无法进行的窘况。就在多家企业交涉放弃之时,华为项目组接到了必须拿下丽江古城的 4G 网络建设的"死"命令:攻下项目,团队所有人升职加薪;攻不下,所有人引咎下课。关键指标很明确,只看结果、不讲原因,于是,整个项目团队天天蹲古城,想尽各种办法,软磨硬泡,锲而不舍,直至成功拿下该项目。

第二个例子,华为 Twitter 事故,指的是 2019 年 1 月 1 日,华为官方 Twitter 账号发布了新年祝福的帖文,右下角出现了 Twitter for iPhone 的显示。该帖文发布后，引起了部分海外与国内社交媒体的热议与广泛传播，给品牌带来了不良影响。在整个过程中，数字营销团队负责人因为操作过程中的 VPN 网络问题而无法用电脑发布，为赶跨年时间点使用 iPhone 手机发布，原本是想解决问题，最终结果却与和全球客户建立良好的关系，创建和传递跨语言、跨文化能够产生共鸣的内容和信息，维持品牌形象的部门目标相背离。一切以结果为导向，于是华为公共及政府事务部发出 2019 年 1 号通报文件："对于本次事故，华为内部予以事故主要责任人通报批评并降职一级，月薪降低 5000 元；对其主管职位降级一级，月薪降低 5000 元，年度考核不能高于 B，冻结个人职级晋升、涨薪，冻结期 12 个月。"

华为绩效考核严格，但也奖罚分明。比如，考核结果 B+ 为比较优秀的员工，年中可加薪 20%；而 A 级员工为特别优秀者，年中加薪 30%~50%。双管齐下，充分引导并激发员工的主观能动性，有效地实现了团队绩效目标的达成。

第四招：精准激励

华为构建差异化管理机制，基于获取分享理念，针对不同业务、不同人群，制定差异化激励方案，实现"精准"激励。不仅激发了组织活力，更成为支撑公司多元发展的原动力，被各行各业的专家学者争相研究讨论。可以说，华为将精神激励与物质激励都做到了极致。

精神激励层面，华为成立荣誉部，通过设置各种荣誉奖项实现即时激励，如金牌奖、蓝血十杰、明日之星、优秀家属奖等。其中金牌奖作为授予员工的最高荣誉性奖励，主要奖励为公司商业成功持续做出突出贡献的团队和个人。评选的比例是，团队是1/400，个人是1/100。2017年公司共评选出1785名金牌个人，574个金牌团队。这些荣誉奖项关注员工进步，非常好地激发了团队与个人的工作积极性。有时候，员工在意料之外获得公司的认可与激励，会备受鼓舞，更加积极地投入工作。华为还特别重视职权方面的激励。华为是一家以知识型员工为主的企业，员工素质高、学历高，较为注重自我价值实现。华为深刻洞察人性本质，对员工充分授权，使员工切实感受到被信任、被尊重，增强他们在公司的"主人"意识，推动他们对工作事务的参与性与主动性。正像"华为2012年年报"中描述的："华为开展精神文明建设，用组织愿景激发持续创造的更高的使命感，用荣誉感激发更大的责任感。"华为说到做到。

物质激励层面，华为通过工会实行员工持股计划，参与人数为96 768人，是一家100%由员工持有的民营企业。从华为2014年年报得知：华为优先给一线作战部队和绩优员工提升工资和激励水平，以导向冲锋；充分落实了"获取分享"的奖金机制；在长期激励方面，在全球范围推行TUP，让全体优秀员工尤其是中基层骨干员工更多地分享公司长期有效发展的收益。

接下来，看一下华为目前正在实行的TUP。

什么是TUP？它是Time Unit Plan的缩写，可通俗地理解为华为奖励期权计划，本质上就是奖金的一种递延分配，属于中长期激励模式，相当于预先给员工获取利益的权利，但收益回报需要在未来几年中逐步兑现，这种收益回报不能永久持有，有时间限制。

为什么推行TUP？TUP是华为配股制度发展到成熟阶段的产物，为了代替配股而产生。它有别于"一旦配股就长期持有"的模式，不用员工买，无法长期持有；以5年为期限，每5年清零，员工只有不断奋斗，第二年才能获配新股。这种配股的动态过程，让华为每年都可以回收一部分股权用于再分配，在保证公司分配机制活力的同时，规避了老员工躺在功劳簿上混日子的情况，推动员工在工作上持续奋斗，有利于公司长久地留住人才，永久地保持活力。

第五招：干部轮岗

华为的干部轮岗制名副其实，令人印象深刻。

20多年前，任正非就在干部培训班上说过："我认为流动是一个好现象，中、高级干部一定要经过全流程的大流动。如果不流动的话，一是项目水平无法提高，再就是高级干部从哪儿来呢？高级干部原地提拔的害处就是'近亲繁殖'。"任正非说的话，华为至今都在践行着。

"流水不腐，户枢不蠹"。在华为，中、高级干部都要进行轮岗。轮岗主要分为两种：第一种是业务轮换，比如安排研发人员去做生产、服务方面的工作，让他们从不同的工作角度理解产品，只有通过这个业务轮换的过程，他才有资格成为高层资深技术人员。第二种为岗位轮换，华为的每一位干部都要进行岗位轮换，可以是跨部门的，也可以是部门内部的。[5]甚至到CEO这个层面，都要执行"轮值CEO"制度。

职场中，我们常看到，很多干部在企业的某个位置上待久了，容易形成本位主义，而且无法保证他们持续的工作活力与能动性；就这个问题，多数企业意识到并尝试去解决，但有显著成效的企业并不多。华为推行的干部轮岗制，秉持着尊重人才但不迁就人才的原则，切实执行干部轮换落地，不仅提升了干部的综合能力，而且进一步激发了组织活力。

第六招:"之"字型成长

战国时期韩非有句名言流传至今:"猛将必发于卒伍,宰相必取于州郡。"意思是说,宰相一定从基层州部兴起,猛将一定从基层卒伍发端。基于此,华为提出干部要"之"字型成长[3],说的是一个员工如果在研发、财经、人力资源等部门做过管理工作,又在市场一线、代表处做过项目,有着较为丰富的工作经历,那么他在遇到问题时就会更多地从全局、全流程去考虑。

用任正非的话来说,"现在我们要加快干部的'之'字型发展,就要从新提拔的基层干部开始使用这种模式"。华为的干部从来都不是直线式向上发展的,每位干部并不局限于某个单一的领域,相反,是经过多个业务领域的历练,才成为了符合华为标准的合格干部。

华为,以奋斗者为本,重视人力资源管理,用六大招式孵化了一批又一批推动企业发展的将帅之才,形成了强有力的人才体系,并进一步提升了华为人力资本的价值;也正是这六个招式,撑起了整个庞大团队的管理与运转,成为华为成功的关键要素。

10

人才是抢来的

向华为学创新

得人才者得天下。纵观历史长河，如《史记》中秦亡楚败汉兴这般"得贤者胜"的例子并不鲜见。回看当今社会，企业的兴衰沉浮遵循着与历史相似的规律。市场经济下，企业之间竞争激烈，要成为一家优秀的企业并不容易，而要成为行业内的翘楚，更需要集技术、体制、管理、文化之大成。即便如此，也依然不够，还需要"一流的人才"这把利器襄助企业真正走向顶尖之路。对大多数企业来说，招人绝对是最难的事，招到人不难，难在招到合适的人。如何招到优秀的员工，是始终困扰企业的话题。

对此，很多企业 HR 部门不得不搭建各种招聘渠道，与猎头机构合作，建立内推制度，然而这个问题还是很难解决。人才是靠抢出来的，光靠渠道还是难以成功。对招人这个问题，华为给出了一个新的解决方法：打破常规，高薪引才。由此，我们来看看创新企业的人才战略，如何显神效。

华为人才的选用留育之道，总结下来可以用三个字概括："抢""配""磨"。

第一个字"抢"，人才是抢来的。

用任正非的话："什么都可以缺，人才不能缺；什么都可以少，人才不能少；什么都可以不争，人才不能不争。"

早在1998年，华为就意识到技术人才储备的重要性。为了抢夺人才，中兴决定11月进入清华园进行大规模的人才招聘，但未曾想，华为先人一步，提前在10月27日启动了清华精英招聘，通过它得天独厚的"高薪"优势完成了清华大学大批专业人才的招募。更加出人意料的是，原来已经与中兴确认或完成签约的候选人都纷纷转向了华为。

不止清华大学，华为还面向其他重点院校毕业生展开招聘，总计超过3000人，其中硕士研究生占比1/3。企业此举引起了当时教育部部长的关注。《用好人，分好钱》这本书中提道："全国排名前20的重点高校的计算机与通信相关专业的毕业生，有将近30%去了华为。"这是它"抢"人才战略中的重要一步，并且持续了整整三年。

到了2013年，对人才的争取与角逐进入白热化阶段。当时4G兴起，备受国家政府重视，在中国4G牌照发放的当口，各大电信设备巨头各显神通，没有一个不在拼尽全力抢夺市场，行业格局被快速刷新调整，尤其是华为与中兴两家企业，甚至蔓延到对人才的争夺。双方都明白，4G时代的到来，若要在未来市场中抢占制高点，人才储备才是王道。于是，它们暗自发力，一场关于人才的争夺之战悄无声息地拉开了序幕。

2013年7月22日，就在4G发牌前，中兴推出了公司的第二次股权激励计划，这次股权激励主要面向公司董事、高级管理人员、业务骨干等1531名员工，共计授予1.032亿份股票期权，约占中兴通讯股本总额的3%。

华为则投入10亿元资金用于员工薪水的提升。加薪主要面向13级、14级的基层员工，以及2014年新招应届毕业生。基层员工的平均涨薪幅度在30%~70%。原本其薪酬就比中兴的同级别员工高出10%左右。华为用高薪吸引毕业生，再通过内部的观察与考核淘汰掉不符合标准的人员，通过这种方式"将人才留下"，抢占了先机。

我们看到，华为与中兴对人才同样重视，只是争取的手段不同。中兴侧重股权激励，面向管理层；而华为侧重加薪激励，面向基层与新招员工。如果从企业人才储备的角度看，重点院校毕业生的成功招募将为企业未来的发展提供源源不断的人才保障；而就毕业生本身而言，高水平薪酬自然具有致命的吸引力。很显然，华为在抢人策略上略胜一筹。

接着说第二个字"配"，人才与岗位匹配。

多数企业的人事安排有两种：一种是以人定岗，另一种是以岗定人。

以人定岗，主要受中国传统思维影响，主张以"人"为核心。"根据人量身设定岗位"常见于下面两种情形：第一种，出现在企业发展初期，企业还没有形成明确的岗位认知与用人标准阶段，当遇到人才时，企业会因人才专项设定岗位。第二种，源于中国五千年来宗法制度与人情关系的烙印，因为"人情"因素或人脉关系，因人定岗常见于家族企业。

以岗定人，主要为西方企业管理模式，主张以"事"为核心，多见于外企，有成熟的部门与岗位职能分析，职务职责明晰；通过JD进行人才招募，筛选出最适合岗位的人员。

华为既不是以人定岗，也不是以岗定人，而是将人与岗位做了深度融合。"在招聘人才时，它不只是选择最优秀的人才，而是寻找最适合的人才"。简单来说，一位适合岗位的人，才能够推动事情更好地完成；反之，不胜任岗位的人，再好的战略也无法执行。

华为注重企业和人才的双向匹配与共同发展。1993年年初，一位学校的教师到华为应聘软件工程师，公司直接开出1500元的月薪（此前这位教师的工资只有400元，而现在却比之前的校长的工资还高）。1996年，"为了挖一位从事芯片研发的工程师，华为开出了40万元的年薪，在这位工程师到岗后，公司发现其价值远高于预期，立刻将他的年薪涨到了50万元"。类似的情景，2019年7月，一则"华为百万年薪招聘天才少年"的消息在社会上引起轰动。7月23日任正非签发的总裁办邮件显示："华为对钟钊等8名2019届顶尖学生实行年薪制，年薪从89.6万元到201万元不等。"只要适配岗位与公司发展需要的，企业不惜重金聘请。

尤其在发生美国制裁事件之后，华为更加坚定自己的人才战略。无论外界环境如何变化，人才始终是一家企业制胜的长效法宝。于是，全球网罗各领域的顶尖人才，甚至为优秀人才量身配置实验室。前面我们介绍过，为了邀请全球知名的商业架构师克里纳先生（Martin Creaner），华为专门为他在爱尔兰科克市设立研究所，成立团队。任正非认为："离开了人才生长的环境，凤凰就会变成鸡，而不再是凤凰。"人才在哪里，资源在哪里，华为就在哪里，广纳人才的决心可见一斑。近3年的时间，华为已有700多名世界顶级科学家加入。

说到这里，中兴的"人与事相融"也很有意思。中兴倡导让公司适应人才，而不是让人才屈就公司，他们提出"因事择人"与"因人择事"相结合。具体来讲，就是公司的项目完全可以按照人才的特长进行资金、项目、岗位、市场等要素的匹配。当发现有好的发展目标时，中兴会全方位物色合适人选来运作项目；而当遇上有科研才能的优秀人才时，就相应为之分配助手、资金、设备；如有管理才能的人才，就放到相应的管理岗位上。

华为的"人岗匹配"与中兴的"人事匹配"有异曲同工之妙。

第三个字"磨"，"宝剑锋从磨砺出，梅花香自苦寒来"，人才也是如此。

在华为，真人才、合格的干部需要经历多业务领域的轮岗磨炼，无论是业务轮换还是岗位轮换。华为的干部常有在研发、财经、人力资源等部门做过管理，又在市场一线、代表处做过项目的经历，这能帮助他们在遇见问题时，能够全面、全流程地看待与处理问题。当然，这个做法也会增加企业的成本，比如新岗位上的学习成本、试错成本、管理成本等。在中兴，它们的科室负责人是由员工选出来的，部门领导则是通过干部考核打分竞争上岗的。相形之下，虽然华为需要投入更多的资本与精力，但是它的"磨炼"换来了企业复合型人才的成长，从而帮助企业实现更好的发展。

前面我们用三个字概括了华为选人的方式，接下来讲讲华为选人的标准。

标准一：用人所长，不拘一格降人才。

为了进一步推动公司的生存与发展，华为制定"不拘一格降人才"的用人理念。以公司副总裁胡红卫为例，1991年，胡红卫从中国科技大学毕业，成为公司的第31名员工。他的本科专业是精密仪器，而华为做的是通信产品，很显然，专业不太对口；但专业问题并没有成为不录用或影响胡红卫晋升的阻碍。他从基层干起，以技术员和助理工程师的身份，参与了华为C&C08数字程控交换机的开发，又先后在产品部门、仓库部门、生产部门担任管理岗。四年内成为名副其实的副总裁。之后，华为提出关于人才选择与任用的管理哲学：以奋斗者为本。"引入一批'胸怀大志，一贫如洗'的优秀人才"[10]，以此促动公司内部价值观和价值评价体系发生变化。一方面树立了老员工学习的榜样，另一方面激活了组织体系，推动了公司创新发展，成功营造了企业创新氛围，让员工时刻保持积极活力。最鲜明的特征是，公司不论资排辈，在公司发展史上，最年轻的高级工程师才19岁，最快晋升为高级工程师是工作后的第七天。

这一点，我们在苹果公司也能看到，苹果公司没有"名校情结"，不唯学历，而是重点考察这个人是否具备"苹果DNA"。比如，候选人对自己的专业是否擅长，是否处于该领域的最前沿或者有置身领域最前沿的潜力。对人才的选择，华为与苹果公司不谋而合。

标准二：胸怀世界，坚忍平实，洞察新知。

刚才我们提到了"苹果DNA"，苹果公司的DNA里还有三个方面的特质：第一，所选人才需拥有快速应对持续变化的能力，能够灵活应变，是积极的问题解决者，在各种挑战面前能够迎难而上；第二，聪明向上，工作勤奋，乐于与团队协作；第三，善于跳出固有思维框架，开拓创新，追求卓越，是完美主义者。这是苹果公司对人才的要求。

我们再看华为，在经过了多年的打拼之后，日益壮大成熟，成为一家世界500强企业，对人才的需求更加清晰。孟晚舟在一次讲话中提到，华为的人才必须具备三大素质：第一，胸怀世界。愿意迎接世界性的问题和挑战，在解决难题、面对挑战的过程中，开阔自己的视野和胸怀。第二，坚忍平实。不浮躁、不急切，愿意一步一步走向成功。第三，洞察新知。在变革时代，唯一确定的就是不确定性。

细细品味华为与苹果公司的用人理念，本质都是一样的。可见，能拥抱变化，善于解决问题，踏实坚忍，创新开拓，适用于企业发展需求，是企业人才必备的素质。推而广之，各家企业可以以此反观、借鉴。

标准三：价值观与岗位能力缺一不可。

华为的人才要素，包含核心价值观与岗位能力素质两大维度：第一个是核心价值观，即以客户为中心，以奋斗者为本，长期坚持艰苦奋斗；第二个是岗位能力素质。

我们重点来说说能力素质维度。华为的面试考核中，专业素质项被拆分成 27 种，比如，责任心、成就导向、创造力、商业思维、客户导向等。以其研发人员为例，他们的素质模型包含思维能力、成就导向、团队合作、学习能力、坚忍性和主动性五个层面。

不同岗位侧重的专业素质不同，华为通过 STAR 法，对应聘者的素质和技能进行准确判断。这里简单说明一下"STAR 法"，是情景（situation）、任务（task）、行动（action）、结果（result）四个单词的首字母的组合，属于结构化的行为面试法。基于明确的选聘标准以及对职位准确的分析描述，这种方法提高了华为人才选择的准确性，可以帮助公司高效地找到匹配岗位的人才。

可见，华为招聘选人时，首先看中的是员工的价值观、品格、综合素质、潜力等条件，其次才是员工的学历、经验。应聘者具备高水平的岗位素质能力，但是价值观匹配度低，则不会考虑录用。岗位素质能力高，并且与公司核心价值观高度匹配的人才，才是华为需要的人才，二者缺一不可。

标准四：多元人才招聘。

人才招聘是企业最重要的人力活动，而人才任用是管理者最重要的决策工作。在苹果公司，前CEO乔布斯，他把大约1/4的时间用于人才招募。组建由一流的设计师、程序员和管理人员组成的"A级小组"，不计成本地网罗一流人才，一直是他核心的工作。华为作为"全球领先的ICT（信息与通信）基础设施和智能终端提供商"，任正非深知人才就是企业的生命，企业发展离不开人才，必须要吸引并留住人才。所以，该出手时就出手，关于人才的问题上，华为从来不含糊。

华为招聘分为学校招聘、社会招聘与高端人才招聘。

校园招聘的生源必须来自"211""985"学校。华为十分重视与高校的合作建设，通过设立学习基金、资助学生等形式与高校建立长期的战略合作关系，在为学校提供帮助的同时，也保障了源源不断的优质人才供给。

社会招聘的原则是"本三硕二",就是本科生要毕业三年,硕士生要毕业两年,看能力为主,重视应聘者背景专业、价值观与素质模型的匹配,择优录用。现在,公司具有本科学历的员工占比90%以上,硕士生、博士生所占的比例也在逐年攀升。

高端人才招聘,适用于华为的战略需求。1996年,公司迈出了进军国际化市场的第一步,因此,华为开始关注商务领域、财务与人力资源领域的高端人才招聘。这就需要应聘者的专业背景和能力与公司战略性的短板相匹配。在公司变革发展过程中,每当出现新的模式与新设岗位时,就需要有合适的人才补充。华为特别注重人才规划,人才资源池建设,以及人才地图布局工作。除了与猎头资源合作,公司还有自己的全球人才招聘专职人员,各部门需要针对关键人才建立外部人才库。根据网络数据:美国、德国、瑞典等国家的6个城市已经有40多人常驻招聘岗位,专攻高端人才招聘。

当然,华为的招聘不局限在通信、电子工程类领域,为了构建具有长远影响力的知识体系,多元跨界吸纳人才,公司开始向多学科招募专业人才,比如神经学、生物学、化学、材料、物理、系统工程等专业领域。

标准五:内部干部选人标准。

前面我们提到，中兴的干部由员工直选或者考核竞选而产生，而华为的干部则是"生于忧患，死于安乐"。在上一章节"团队"中我们提到，干部选拔过程中坚持"宰相必取于州郡，猛将必发于卒伍"，干部都是从一线历练成长起来的。华为的干部选拔必须遵循9个原则：

（1）坚持从有成功实践经验的人中选拔干部；

（2）大仗、恶仗、苦仗出干部；

（3）在关键事件中选拔核心员工；

（4）机关干部必须到海外去锻炼；

（5）注重实绩，竞争择优；

（6）优先从成功团队中选拔后备干部；

（7）培养敢于抢滩登陆的勇士；

（8）以全球化视野选拔干部；

（9）从内部挖掘人才。

上述每一条都充满了奋斗和忧患意识，是"生于忧患"的真实写照。

人才是一家企业最重要的资源，是创造组织绩效、推动组织发展的关键因素。华为深知这一点，于是因时而变、因地制宜，采取不同的选人策略以适配满足公司不同阶段的人才需求。从企业发展进程来看它的选人策略：初创期，华为偏向于技术型人员的招聘；快速成长期，公司由局部的小范围招聘转向了高校群体，开始大批引进高学历名校毕业生；随着全球化布局成熟期的到来，华为又转为面向全球国际化人才的招募与引进。到2019年的7月，"百万年薪招聘8名天才少年"，这不是炒作，准确来说是华为在对公司发展战略与外部环境形势综合判断后做出的慎重决策。华为需要人才，尤其是人工智能、5G、物联网、深度计算等领域的顶尖人才。在激烈竞争的市场环境下，企业要打赢未来的技术战争与商业战争，需要实现技术创新与商业创新，而双驱动的核心动力来源于人才，所以，人才是企业身处技术变革阶段始终保持领先优势的关键。求贤若渴，与时俱进，成为华为在不同发展阶段促成目标达成的有力武器。

华为一直都在坚持寻觅对的人！

人才"供应链"
成长不断线

在校教学资源

11

人才是逼出来的

向华为学创新

"为政之要，惟在得人。用非其才，必难致治。"出自《贞观政要·卷七·崇儒学》。大意是当政的关键在于用人得当，如若所用之人不能充分发挥他的才能优势，政事必然难以治理。历史上能够做到知人善任、量才试用的君王有不少。比如，汉武帝刘彻力行"广开渠道，礼贤下士；礼敬诤臣，择善从之"。唐太宗李世民认为"能安天下者，惟在用得人才"。宋仁宗赵祯认为"帝王之明在于择人、辨邪正，则天下无不治矣"。无论是汉武帝、唐太宗、宋仁宗，他们的治国之道均为后世推崇。曾国藩说，"自古英哲非常之君，往往得人鼎盛"。历朝君王治国方略中，用人的重要性不可小觑。

人才不是一下子成长起来的，有时候需要内部培养。过去，如何加快内部员工的成长，企业想破了脑筋。面对这个问题，管理旧识是会做双通道设计，专业技术型人才和管理人才两条晋升通路，根据人才特点帮助员工找到自己的发展路线。华为在用人方面，除了双通道设计，还有自己的章法与管理逻辑。用一句话来提炼它解决人才成长的法门就是，华为认为人才也是逼出来的。用业绩说话，让人在压力下成长，高效、高产出的同时给予高激励。听起来苛刻，却有实效。我们从华为用人的核心理念"用人原则""分配机制"与"发展机制"三个方面具体来看华为的人才管理。

第一，用人原则。

金无足赤，人无完人。即便是人才，也会有自己的短板，而如何"取长补短"是关键。

历史上有个著名的典故："房谋杜断"。说的是唐太宗李世民有两个得力的宰相，一位是房玄龄，一位是杜如晦，二人同时为唐太宗辅政。每次商议国事时，房玄龄多谋，能够提出很多方法与意见，但往往做不了决断，而杜如晦擅长分析与判断，二人结合，笙磬同音，被传为美谈。我们看到，房玄龄与杜如晦即使各有所短，依然被委以重任，这正是唐太宗的用人之道。

再看华为的"用人所长，不求全责备，不拘一格降人才"，本质是一样的。任正非作为公司的当家人，其实并不懂技术，华为发展壮大到今天的人员规模与社会地位，自然与他的不拘小节，敢于用人、善于用人密不可分。

在华为，只要说到"一个人能顶一万人"，自然会联想到郑宝用。郑宝用是谁？华为常务副总裁、总工程师，也是华为副董事长郭平的老朋友。1987年，郑宝用从华中科技大学激光专业毕业，后至清华大学进修博士，尚未博士毕业，便被郭平劝说加入华为，那年是1989年，华为成立不足两年光景。这对正缺研发技术的华为而言，无异于雪中送炭，华为甚为重视。郑宝用常因意见不一致而顶撞任正非，任正非从不介意，他不仅积极听取意见与建议，而且对郑宝用一直给予认可与夸赞，不难看出他的容人之量。这与其他民营企业、国有企业常出现的"官本位"思想截然相反。[2]华为与任正非本人深知，"兼听则明，偏信则暗"，不同的想法与声音可以帮公司自检，及时发现并改进问题，也可以使公司始终保持积极向上的正气。为员工积极谏言营造了良好的氛围。

华为不仅不拘小节，而且敢于用人。多数企业中，能成为公司挑大梁的中高管理层，年龄基本上都在30~45岁，30岁以下的年轻人基本上是公司的新生代或储备干部。但在华为，有一位"阿甘"，典型的90后，加入华为5个月便主动请缨去到西非，从喀麦隆的法语客户经理做起。5个月后被调往中非，负责管理某个国家的办事处。20出头的年纪，一跃成为华为主管一方国家经营事务的核心干部，这在很多企业基本上是不可能实现的，而在华为此类"努力创造条件，使优秀干部和专家快速成长，破格提拔优秀干部"的例子有很多。

华为始终坚持"人尽其才，才尽其用"的原则。不以员工的年龄、资历、经历论"英雄"，通过人才差异化管理，找准合适的人去做合适的工作，不仅推动体系内各类人才在合适的时间、合适的岗位做出最大的贡献，而且团结了一支适配公司战略发展的人才队伍，成为组织发展的核心驱动力。

第二，分配机制。

优秀的人才，能够高效地驱动组织，那么，我们依靠什么来驱动优秀的人才？

不可否认，人才是企业的核心竞争力；但是"铁打的营盘流水的兵"，如何规避"流水兵"，留住人才，这需要用人智慧。在任正非看来，"企业的核心竞争力是培养和保有人才的能力，是利益分配的问题"。

的确，好的分配机制可以调动员工的积极性，促进公司运营效率提升，从而提升企业持续发展的能力。华为的分配机制，从人性角度出发，融入了自己的人力资源管理逻辑。

华为首先建立了一种机制牵引全体员工拼命地创造价值，为价值评价和价值分配奠定了基础。有了价值创造，便要考虑如何进行价值分配，于是华为建立了内部价值评价机制，牵引各岗位员工在各自工作范围努力工作。最后，在员工努力付出与价值评价的基础上，给出合理的价值分配，用于回报员工的价值创造。"因为价值分配只有真正反馈到价值创造方面，才能让大家拼命地往前冲。华为就是通过价值分配机制，给员工分钱，给员工加薪，配股分红，来激发大家的斗志，不断激发员工创造更大的价值。"❶

上述价值逻辑在华为管理过程中的具体应用，主要体现在华为的薪酬体系与股权激励方面。在华为，常有"三年一小坎，五年一大坎"的说法。说的是三年之内是普通员工，收入主要是工资与奖金，分红很少或者没有；而三年之后分红权增多（分红对员工收入的影响因子达30%以上），使得整体薪酬收益变得很可观。根据《华为董事会秘书处文件：董秘通知（2018）003号》，华为一位20级的老员工，约持有100万股。按照2017年的分红比例，100万股能获得283万元的现金分红。高额的奖金与分红升值让很多员工"百万年薪不是梦"，这对员工具有非常大的诱惑力与激励性。

但仅有激励性牵引员工拼命努力是不够的，还需要公

---

❶ 余胜海.用好人，分好钱[M].北京：电子工业出版社，2019.

平的评价体系，才可能实现合理的价值分配，所以华为对员工进行绩效考核管理，为员工的付出与回报提供保障。直白地说，员工只要专注于工作，不用担心自己的努力被公司忽视，这使得员工始终处在一个相对单纯的竞争环境，有利于员工个人的发展。华为坚持，只要员工具备才能与品德，为公司发展持续做出贡献并有风险承担意识，就能与公司利益共享。因此，华为汇聚了行业内的众多人才，更留住了人才。

上述价值实现逻辑揭示出华为价值分配的本质：员工与公司互相受益，焕发出强大的生命力，从而带给企业积极正向的影响。

华为洞悉人性，除了价值分配，还有权力分配。

根据马斯洛需求理论，价值分配满足了员工的生理需求与安全需求；而分权、授权则满足了员工的社交需求与尊重需求。其中，分权体现在华为由最初的中央集权管理转向矩阵式结构管理，通过事业部与地区公司二维组织结构实现，即事业部负责好产品销售和服务工作，地区公司则最大限度地把握住各地市场。权力的重新分配，通过流程集成管理实现权力下放，改善了高度集权模式下的效率低、机构臃肿等系列问题。授权则体现在面向客户的"铁三角"作战单元，以项目为中心，以客户需求为目标，客户经理、解决方案专家与交付专家三方组成专项工作小组，提出"让听得见炮火的人呼唤炮火"，把指挥部建立在听得见炮火的地方，对一线放权，总部与后台只需做好支持工作，如此不仅提升了运营效率，而且实现了一线员工的权利重铸与尊重。

华为的分配机制，为企业用人与发展提供了强有力的后劲支撑。

华为重才用才，但奖罚分明，不徇偏私。对违法违纪行为严厉惩处，对不良风气坚决扼杀，这同样是华为分配制度不可分割的重要部分。

第三，发展机制。

马斯洛需求理论共有五个层次，前面我们介绍华为的分配机制时，提到它满足了华为员工的生理需求、安全需求、社交需求、尊重需求四个方面的需求。接下来我们要阐述第五个方面的需求，就是"自我实现需求"。

自我实现需求，属于最高层次的需要，是指实现个人理想、抱负、价值；通过自己的努力，最大限度地发挥个人的能力，使自己越来越接近自己想成为的角色。那么，问题来了：自我实现需求因人而异，员工的自我实现需求与企业的发展目标不协同怎么办？

上述问题，不仅是华为的问题，也是所有企业都会面临的问题。作为企业，要把人用好，除了要给予员工肯定、激励，满足员工安全、物质上的需求，还要实现员工精神层面的需求，即给予员工自我实现的发展平台与空间。下面，我们看华为是怎么做的。

华为若要帮助员工实现自我价值，就必须帮助员工在华为的平台上成功。基于这一点，华为要为员工提供全面发展机制。

"欲强人者必先自强，欲信人者必先自信"，华为要成为员工自我价值实现与发展的平台，它必须要成长为优秀的企业。现在已经成为世界500强的华为，受到了国内外企业的尊重与认可，具备了满足员工价值实现与发展的实力与基础。

但仅有一个知名的平台远远不够，还需要有凝聚人的文化与机制。

文化上，无论是狼性文化、垫子文化，还是《华为基本法》，都在帮助员工融入华为，并将员工的个人目标与公司目标、个人利益与公司利益统一起来。华为坚持"利益共享"，与员工分享发展成果，通过员工持股普惠制让员工成为奋斗者，发挥其积极性，驱动其创造价值。基于价值创造，华为构建和完善公司绩效执行体系，完善评价激励机制，尊重个体创造，强调员工个人的能力和潜力，从而实现员工与企业互相成就。"一荣俱荣，一损俱损"，华为从文化上，将员工个人价值的实现与企业发展的使命相结合，统一员工思想，企业的成功，就是员工的成功。

机制上，华为通过建立完善的任职培养与能力发展体系，帮助员工了解客户期望，界定外部成果，并明确工作目标和意义，实现员工自我驱动。通过建立任职资格双向晋升通道，解决管理型人才与技术专业人才待遇差异与未来发展问题。通过"全员导师制"，帮助员工提升业务技能与工作胜任能力，注重创新人才的培养，激发员工潜力，发展员工才能。通过破格升级制度，创造条件使优秀干部和专家快速成长。

以新员工为例，"新人参与实习后，第一步要做的居然是和企业岗位毫不相关的军事训练，然后才是学习企业文化，进入车间生产，参与技术培训以及转战市场销售，等等。军训通不过的，将延迟进入下一环节；实习考试不及格者，甚至有可能直接被辞退。"[10]这一步帮助新员工快速适应公司，找到自己的定位。之后，新员工会从基层业务人员做起，当成为公司骨干人员后，可以根据自己的需求、特点选择管理序列或者技术序列的职业发展通道。在员工晋升为高级职称前，管理序列与技术序列的岗位都是可以按需调换的；只有当员工晋升为高级职称后才不做改变，即管理序列向职业经理人发展，技术序列的目标是资深的技术专家。

华为的任职双向通道结合员工情况，并将员工个人的发展偏好考虑在内，提供给员工更多的发展空间与机会，同时将技术序列和管理序列平等纳入职能发展体系，没有岗位上的高低之分，帮助员工更好地选择与发展。除了任职资格双向晋升通道，华为的全员导师制给予员工工作和生活上的关心与指导，无论是新员工还是管理骨干，都会配备一位有经验的导师辅助成长。员工从选择加入华为开始，就被公司完善的职业发展通道和能力发展体系牵引，这个通道和体系帮助员工一步一步地成长，让员工在这个过程里找到自我价值实现的路径。形象点说，有管理潜质与能力的员工想要成为管理者，他就可以成为管理者；有技术专长、更倾心于技术钻研的员工希望成为某个领域的专家，他就可以成为专家。

任职双通道解决了员工的发展路径问题，在此基础上，为了加快干部与专家队伍建设，帮助员工更快更好地成长，华为又提出破格晋升的制度。我们都知道，华为不乏绩效表现优异的精英员工，他们有的是长居海外艰苦地区在挑战性岗位做出卓越贡献的人员，有的是担当新领域业务风险做出卓著业绩的人员，有的是临危受命帮助公司扭转经营局面的人员。这些员工被明确列为华为破格提升的对象。有了这个制度背书，员工没有理由不去奋斗。实现自我发展的逻辑很清楚：若要在华为有所建树，做自己想做的事情，成为自己想成为的人，唯有努力！

华为发展进程的每个阶段，"人才"一直都是贯穿其中的主旋律：华为通过提供有竞争力的薪酬体系和平台机会，吸引优秀的人才；通过价值评价体系，优胜劣汰，激发员工活力与创造力；通过发展机制，为员工提供广阔的发展空间与自我实现机会。简单一句话归纳："团结一切可以团结的人，调动一切可以调动的积极力量，挖掘一切可以挖掘的潜力"就是华为的用人策略。

总结华为在人才管理上给我们的启示：在"用人原则"方面，讲究"人尽其才，才尽其用"；在"分配机制"上，薪酬搭配股权激励，高压与高激励双轨并行；在"发展机制"上，则运用文化和机制的力量，帮助员工打开晋升通道，实现自我价值。

用人有道，治理有方，赋予了企业逐步成长的原动力。

12

学会革自己的命

向华为学创新

很多企业在规模扩张之后，随着业务的发展，组织越来越臃肿，渐渐催生出一些"大公司病"。比如冗员严重，效率低下，多体现在邮件沟通多、开会讨论频、PPT汇报长、皮球踢得远、找人找不到、问题解决慢等，这类现象制约着企业的发展和组织的创新。在管理旧识中，我们常常看到企业建立各种各样的管理制度，试图用制度将管理精细化；同时，不断运用企业文化培训，试图通过文化渗透影响员工行为。殊不知，管理精细化反而会抑制企业创新，脱离实际的企业文化，只会浮于表面，大型企业的组织惰性非常难以克服。

那么，应该如何打破陷入组织惰性的魔咒呢？楚霸王项羽在巨鹿之战时曾说过这么一句话："破釜沉舟，不破不立，破而后立，不生则死。"秦二世三年，项羽率楚军到达巨鹿县，项羽率领全军渡河，命令全军破釜沉舟，烧掉房屋帐篷，只带三日粮，以示不胜则死的决心。结果全军以迅雷不及掩耳之势直奔巨鹿，断绝秦军的粮道，大胜秦军。项羽的决心和勇气对将士起了很大的鼓舞作用。这个故事告诉我们，想要创建新规则，有时必须要完全放弃旧规则——革自己的"命"，用主动性变革打破惰性，不破不立。

有一首老歌叫《从头再来》，这首歌诞生在 1998 年，当时全国面临下岗大潮，可是很少有人知道早在 1996 年，华为就将过千人的销售部全员下岗，而 2007 年则更是斥资 10 亿元，来了一次全员下岗，波及范围超过 7000 人，任正非本人也在这次全员下岗中主动辞职。

公司为什么要屡次进行大范围下岗，甚至全员下岗？任正非又为什么要裁掉自己呢？

组织结构变革

华为的两次大范围下岗分别发生在 1996 年和 2007 年，其中 1996 年下岗针对的部门是市场部，当年公司的业务重心在市场开拓，作为公司的重点部门，各地办事处主任各管一方，各自为政，工作很难协调。于是当年市场部就来了个集体大辞职，任正非撤换了市场部大部分管理干部，这些干部全部"归零"，通过竞争重新上岗，这样，既保全了落选员工的面子，也让能力更强的员工脱颖而出，晋升为管理者。[5]

到了 2007 年，随着企业的规模不断扩张，"老"员工的人数不断增加，企业做久做大了，必然会有人员流动，正所谓"流水不腐"，但是人员流动中沉淀下来的，不仅有精华，也有些能力较弱的员工。相对新员工而言，老员工有创新动力不足、用人成本过高等缺点，而新员工则又面临空间不足、上升无望等问题，更为重要的是新的《劳动合同法》在2008年1月1日正式实行，动力不足、成本过高的老员工就可以签订无固定期限合同，一直干到退休了。可是这家公司还不到30岁啊！怎么可以允许员工开始想着养老了呢？任正非当时在内部会议上讲："华为人年轻，可怕；年轻又有钱，更可怕；年轻有钱，再加上个无固定期限劳动合同，华为完了！❶ 就这样，距离第一次全员下岗后十年，又来了第二次大辞职。2007年年底，公司斥资10亿元人民币鼓励7000名员工辞职，在这次辞职运动中，凡是工作期限满8年的员工，都要提交一份辞职申请表，然后再竞争上岗，与公司重新签订劳动合同。(5) 在全员下岗中，为了起表率作用，任正非首先把自己给裁了，他的工号也由三位数的001变为了六位数。

这两次大辞职，对企业的影响是巨大的，每次都会伴随内部的组织结构、激励机制的重大变化，这些变革很好地保持了员工的狼性（stay hungry）。时隔1996年下岗

---

❶ 任正非都辞职了：复盘2007年"华为集体大辞职"，2018-12-05。

4年后，任正非对于1996年的行动有过这样一番评价："市场部集体大辞职，对构建公司今天和未来的影响是极其深刻和远大的，如果没有大辞职所带来的对公司文化的影响，任何先进的管理体系在华为都无法生根。"同样，2007年的大辞职后，公司着重对员工持股制度进行了规范化，激励原则从普惠激励转变为重点激励；而2017年的大辞职对员工而言已经习以为常，也并未引起外界的关注，可见2007年的"群狼"依然奔跑在前行路上。

当然，这些变革并非任正非一个人拍脑袋拍出来的，尽管在历次变革中，任正非都充分发挥了他的个人威望的作用，但伴随企业规模的扩大以及任正非年纪的增长，2014年，公司进一步优化变革治理架构，重新组建由轮值CEO和各体系/BG总裁组成的公司变革指导委员会，简称ESC。ESC作为公司最高层面的变革决策机构，负责确定公司的变革方向并统筹协调和推动落实公司的变革战略落地。未来3~5年，华为进入跨功能、跨流程、跨部门综合变革阶段，以实现收入、利润、现金流持续有效增长，成为行业领导者。[8]

流程变革

以大辞职为代表的组织结构变革是显性的，而且涉及大量的人员变动，但企业变革相对隐性的流程变革难度更大。华为在过去30年间，多次聘请外部咨询公司为其进行持续的流程优化。

早在 1997 年，第一次下岗潮后，任正非开始谋划人力资源开发与管理系统的规范化变革。在世界顶尖咨询公司美国合益集团（Hay Group）的帮助下，华为逐步建立并完善了职位体系、薪酬体系、任职资格体系、绩效管理体系，以及各职位系列的能力素质模型。

在 1998 年，华为又引入 IBM 参与集成产品开发（IPD）和供应链管理（ISC）项目的建立，5 年间共计花费 4 亿美元升级管理流程。之后又通过与 PWC、IBM 的合作，不断推进核算体系、预算体系、监控体系和审计体系流程的变革。此后，公司还与 PWC、毕马威、德勤等公司合作完善了核算体系、预算体系和审计体系流程，在品牌管理上与奥美、正邦等公司合作，在多方面借用外脑，实现全面的成长。

我们看到，华为与咨询公司合作的集成产品开发、集成供应链管理、集成财务管理、销售管理流程，以及经营管理团队和轮值 CEO 制度等重大管理变革项目，几乎覆盖了企业管理的每个职能模块，也几乎贯穿了公司整个发展历程。

在这个过程中，不仅支付了高达 300 多亿元的管理咨询费，还经历了从"削足适履"的痛苦到"涅槃重生"的喜悦。[2] 甚至可以说华为的很多能力，实际上是由咨询公司引导，不断内化后形成了超强组织能力，而在这个过程中总结的管理变革三部曲"先僵化，后优化，再固化"[10]也成为管理变革的方法论。

除变革三部曲的方法论外，华为变革还有三个方面的经验：

经验之一，坚持由小及大，不冒进的策略。找到一个小切口，先行试验，即使失败了，震荡也会最小化；而成功了，则会以"阶段性成果"激励参与变革的人群，并形成广泛的示范效应。经验之二，培训。在变革方案形成之后，进行大规模的、全面的，设计研发、市场、供应链、财务等各体系中高级管理人员的培训。全公司三级以上管理者共3700人，每场200人，持续4个多月，利用周末接受变革委员会组织的系统学习，学习完后还必须写心得体会，进行总结评比，并刊登在《管理优化报》上。以"大面积施灌"的方式让整个组织被变革"洗脑"，华为人称之为"清洗思想盐碱地"。经验之三，变革之初，暂时规避貌似成功同时又是公司核心业务的部门。比如，固定网络部为公司研发出C&C08程控交换机，是公司的拳头产品。正因为如此，集成产品开发（IPD）变革先从无线产品开始，无线产品线、北研所、上研所在全面推行变革时，阻力最小，成效也最显著。今天公司研发体系的中高层管理者以及公司高层的一大批高级管理人员来自无线部门，也与此有很大关系。[8]

战略、技术变革

企业内部的组织变革也好，流程变革也好，更多的是为了改变内部，使企业能够更好地应对内外部环境的变化。例如，华为2007年的大辞职是为了应对新劳动合同法的出台和内部员工的动力不足问题，流程方面的集成产品开发优化更多是为了应对市场的快速增长和产品国际化的趋势。这些变革能够解决眼前的问题，而长远的企业发展则需要进行战略调整与技术变革。

华为成长的这30年，站在宏观的角度上看，也是世界快速发展的30年，信息技术已经极大地改变了我们的生活方式、行为习惯，甚至思考方式，同样，信息技术的浪潮也深深地刻在成长的年轮上。我们都知道，华为是从ICT起家的，为彰显做好设备提供商的决心，甚至在《华为基本法》的第一条中写了"我们将永不进入信息服务业"，然而随着终端业务比重的快速增长，运营商业务、企业业务的侧重点变化，华为的战略和技术也在不断变革。2G、3G、4G战略大家都已熟知，那么最近很热的5G、鸿蒙系统等技术变革以及相关的物联网战略是如何通过自我变革产生的？

华为依靠自身通信方面的技术优势，在2003年就开始了以手机为主的终端业务，并且在此后的多年里为运营商业务提供助力。在运营商为主的战略下，手机业务不温不火。在2013年左右，随着智能手机的兴起，华为的P系列和Mate系统手机投入市场后收到了积极的反馈，业绩也稳步上升，并在2018年占据集团业务近半收入份额。在这样的态势中，公司在2017年年末的新年致辞中发布了新的愿景——构建万物互联的智能世界❶，其中的手机、手表等个人终端作为重要一环，不可或缺。"构建万物互联的智能世界"这一愿景不仅需要技术方面的突破，而且需要战略层面进行适配。接下来两年里面，我们可以清晰地看到华为为这一愿景进行的战略、技术方面的具体的变革动作。

物联网所依赖的互联、数据、生态等方面，公司均有强大的技术话语权和清晰的战略规划。截至2018年6月，5G专利中的30%是自有专利。2019年华为更是因此被美国视为威胁而遭受制裁。在构建相关生态的战略方面，2019年的MWC2019中，华为公布了"1+8+N"的5G全场景战略。其中的"1"是智能手机，"8个大行星"是指大屏、音箱、眼镜、手表、车机、耳机、平板等。围绕着关键的八大行星，周边还有合作伙伴开发的N个卫星，指的是移动办公、智能家居、运动健康、影音娱乐及智能出行各大板块的延伸业务。2019年8月9日，华为又迅速发布了鸿蒙操作系统，落实"1+8+N"战略中的底

---

❶ 胡厚崑的《致我们的三十而立：构建万物互联的智能世界》，2017-12-30，华为轮值CEO胡厚崑2018年新年献词。

层操作系统支撑。可以预见的是，华为已经并且将继续在5G时代围绕着端、管、云、芯构筑全场景智慧生态❶。

毫无疑问，战略、技术层面的变革将持续对公司内部的组织结构、流程产生影响，并引导产生更多的变革。回过头来看，华为主动变革的内因、外因，以及相应的应对策略都比较明确，但是我们不能忽视的是，它的主动变革还有深埋在企业基因中的文化因素。

变革基因

企业文化对变革的影响是不可忽视的，西欧的家族企业历经百年，其内部的组织结构、流程、战略甚至技术都没有发生过大的变革，而诞生在美国的企业则深谙变革之道。华为基因中也写满了变革，在《华为基本法》中我们可以看到很多"持续改进""不断完善"等词句。对于应对新问题的方法、风险和失败的宽容也在其中有足够的空间。例如《华为基本法》中提道："公司鼓励员工和部门主管在管理控制系统不完善的地方，在环境和条件发生了变化的时候，按公司宗旨和目标的要求，主动采取积极负责的行动。经过周密策划、共同研究，在实施过程中受到

---

❶ 摘自 MWC2019（世界移动通信大会）中，华为消费者业务手机产品线总裁何刚的演讲。

挫折应得到鼓励，发生的失败不应受到指责❶。"

正如前面谈到的，华为的不少变革是由任正非发挥其个人影响力推进的，那么在任正非退休之后，变革又将何去何从？华为通过组织结构、流程、战略、技术等方面的多次变革，已经熟练掌握变革的方法论和具体工具，并且华为人也深谙持续变革的理念，最终形成了一种独有的价值评价体系和变革企业文化。这个价值评价体系不断循环运转，并在运转中不断优化它的结构，与此同时，它就脱离了具体的人，形成一种机制，成为一种可以传承的文化。(7)

---

❶ 出自《华为基本法》。

13

开放、妥协与灰度

向华为学创新

企业决策的效率和科学性，孰轻孰重？哪个更重要？在经营发展中，管理者常碰到这个疑问。企业家战略思维核心特征将影响企业长期绩效。管理者也都希望达到工匠精神的管理目标，去追求完美，但许多问题在实操过程中可能并没有完美的决策，问题总在发生，办法永远不能一劳永逸。管理有时候就需要适当地试错和容错，建立折中的双元思维。

2019年上映了一部纪录片叫《美国工厂》，由前总统奥巴马投资制作，奈飞（Netflix）发行。《美国工厂》（American Factory）讲述了中国"玻璃大王"福耀玻璃（以下简称"福耀"）投资重建位于"铁锈地带"俄亥俄州代顿市郊区莫雷恩（Moraine, Ohio）的巨大工厂，并雇用约1000名当地员工的故事。福耀在美国建厂的过程中，由于中美企业在文化、制度以及意识形态方面的巨大差异，发生了激烈碰撞，纪录片所展示的中国企业的国际化进程，以及其中的种种困扰，在国内企业走向国际的过程中是具有代表性的。

华为虽然不是福耀这样的制造型企业，但是在其国际化进程中同样不可避免地会遇到福耀在美国建厂类似的问题。如今，除了南极洲目前可能没有员工常驻（233个国家和地区）外，地球的每个大洲都有华为员工及设备的身影（南极洲有华为光缆）。华为在结合国内外力量，解决国际化团队在文化环境、意识形态、民俗习惯上的巨大差异中，就很好地体现了双元思维，用三个词概括就是：开放、妥协、灰度。

开放

讨论任何事物都离不开时代背景，华为所产生和快速发展的时代，也是中国从封闭走向开放，从贫穷走向富裕，从自卑走向自信的时代，任正非表达过华为直接诞生于改革开发的政策之中，其本人转业甚至是直接受国家改革开放后的裁军政策影响。[1]因此我们可以说华为本身就是开放的产物。

随着全球化的推进，华为在海外市场快速扩张，研发团队遍布全球。在进行全球布局时，它也面临诸多问题，包括经营理念不同，经营环境复杂，文化背景差异，等等，公司在推进企业本地化中使用了不同的策略来解决这些问题。

---

[1] 出自2019年任正非接受BBC采访。

首先，是理念开放。华为在创办初期一直是一个"神秘"的企业，而在国际化进程启动后很注重公共关系，实行了很多开放的举措，例如，开放实验室供媒体参观，高级管理人员接待媒体参加访谈，等等。公司副总裁徐直军甚至和任正非开玩笑说："您在 75 岁这年，把过去几十年该做的事情一两周内全做完了❶。"媒体开放的结果就是，现在全世界媒体到处在说华为。笔者在写这本书的时候已经看到市场上有 200 多本介绍华为的书，大家在讨论它的产品的同时也在讨论它的组织、文化、经营理念。这样的开放心态和开放程度对有志加入或者期望与华为合作的人是具有很大价值的，能够帮助大家了解、认识华为。

其次，是沟通渠道开放。公司高层早就意识到作为重要沟通桥梁的语言，是需要尽早培养并且配合环境熏陶的。任正非在 2002 年的一次董事会上说："将来董事会的官方语言是英语，我自己 58 岁还在学外语，你们这些常务副总裁就自己看着办吧。"在 2007 年华为内部的 IT 系统就已经英文化，并且从 2007 年四季度开始，所有发往海外的工作邮件、报告均要使用英语，员工如收到英文邮件，就必须用英文回复；同时制定了 2008—2010 年的一系列工作语言英文化计划，例如，供应链办公例会实现英文化，会议材料全用英文准备，发言原则上必须用英

---

❶ 任正非，侠之大者．2019-05-21.

语，并最终到 2010 年前全面使用英语作为工作语言。[6]如今华为的不少岗位都要进行英文面试，并且在网上挂出的招聘要求中都提到了英语可作为工作语言的要求❶。虽然有文章表明，华为在海外的分支机构，因并非全部员工都懂英语，也还存在一定的沟通不够顺畅的问题，但是这样的基于英文的沟通交流渠道，已经能够让更多以英文为母语的分支机构员工、海外客户更顺畅地进行沟通。最近华为开源的方舟编译器，相关的文档中所有的注释都是英文的，并且语法流畅，已经与母语使用者不相上下了。

最后，是文化开放。任正非总结过，华为其实就是学习了两个文化：一是英国的文化，主干文化一定要清晰、标准；二是向美国学习，末端文化要开放，允许开放、允许竞争，不把规范做得很细致。❷在这样的文化背景中，华为坚持"积极、多元、开放"的人才观，形成主官、专家、职员各司其职的管理机制。在招聘策略上，公司规定招聘、晋升、薪酬等方面不应有种族、性别、国籍、年龄以及怀孕或残疾等方面的歧视。[12]在技术领域，也是持开放态度的，华为在美国注册了 1.1 万多项专利，给各个标准组织提供了 5.4 万多份文章。❸此外，在欧美市场上的宣传也是充分使用了西方媒体的表达方式，尤其是 2C 的手机广告，很精彩。

---

❶ 华为云生态经理、总监职位描述.
❷ 出自 2019 年任正非接受 BBC 采访.
❸ 同上.

我们可以看到，华为大量吸收借鉴了欧美的成功管理经验，并且在其走向世界的进程中付诸实践，这种开放的风格和中国企业相对保守的风格是有很大差异的。开放只能促成初步的接洽，而真正的磨合才刚刚开始。

妥协

即使华为对媒体如此开放，也还是需要不断地对外澄清自己。这是因为我们人类习惯于生活在元（元命题 meta-concept）叙事的世界里。元叙事，简单地说就是对世界进行抽象，直至提炼出一个宏大的概念，这个概念通常是非黑即白，具有强烈排他性的。

然而，现实世界并非非黑即白这样单调，虽然两个人已经互相有了深刻了解，并且诉求可能并没有太大差异，但是基于自己所坚持的元叙事，仍然可能会站在对立面，只是这种对立又不一定会妨碍双方在其他方面的合作。例如，中美贸易摩擦不断，但是该合作的还是继续在合作，双方都在试探，也都在出招或者让步。任正非曾在2012实验室有一段精彩的论述，值得我们反复思考："我并不反对你们买美国的高端芯片。我认为你们要尽可能地用他们的高端芯片，好好地理解它。只有他们不卖给我们的时候，我们的东西稍微差一点，也要凑合能用。我们不能有狭隘的自豪感，这种自豪感会害死我们。"[1]

与华为在相同跑道上的中兴，对妥协更是深有感触，2017年、2018年连续两年收到美国政府罚单，总额达到22.9亿美元。如果保持对立，那么中兴难以为继，中兴做出了适当的妥协之后，换来的是快速恢复正常经营。活着，是第一要务。

这些冲突归根结底都来源于东西方思维的差异，而如果进一步追问差异的本质，那么华人学者陈明哲教授的观点值得我们借鉴。他从中西方思维的特点出发，认为西方的思维倾向于分类和分析，而中国的思维倾向于整合和包罗万象。在面对矛盾、问题时，西方思维典型的解决方案是逃避、面对或者超越，而东方的思维大多是折中的思维，倾向于矛盾的整体性。因此，陈明哲提出了"悖论整合"或"悖论超越"的观点，倡导在东西方思维方式之间建起桥梁，既承认矛盾双方的对立性，同时又利用其统一性。[12]这个"悖论整合"其实就是任正非经常提到的"灰度"，我们可以得出这样的结论：在认知、行为的悖论中妥协而后进行整合，即实现了灰度。因此，进一步可以说，没有妥协就没有灰度。妥协其实是非常务实，通权达变的丛林智慧，凡是人性丛林里的智者，都懂得恰当时机接受别人妥协，或向别人提出妥协，毕竟人要生存，靠的是理性而不是意气。[9]

具体到华为在海外的策略中，我们可以看到很多妥协的影子。华为明文规定，公司尊重员工依法享有的自由结社和集体谈判的权利，不反对员工在自愿及不违反当地法

开放、妥协与灰度 / 13

律的基础上,参加当地合法注册的工会的合法活动。公司还通过员工关系部收集和了解员工的意见和建议,建立畅通的沟通渠道。员工可以通过道德遵从委员会(CEC)投诉热线、人事服务投诉和建议受理热线等进行相关问题投诉。[12] 同样,华为的英文化、组织结构中加入中方员工的"掺沙子"[6] 以及通过未来种子、沃土计划等培养当地种子员工的行动[6],我们可以看到,华为并没有坚持要按照在国内的标准来处理所有问题,而是根据不同的情况进行当地化、本地化处理,甚至在核心的激励体系中,也创造性地为海外员工量身定制了一套时间单元激励计划(TUP),以解决海外与国内的政策、文化差异。华为所践行的"悖论整合"是中国智慧,更是中西思维融合与战略的创新。

灰度

"悖论整合"可以有很多种叫法,例如,矛盾对立统一、中庸之道、求同存异,还有华为人最常用的"灰度",我们接下来通过华为自身的理解以及实际操作,来剖析如何做到灰度,以及我们如何能够更深刻地理解灰度。

2000年后,任正非明确提出"灰色"理念。"灰色"就是黑与白、是与非之间的地带。"灰色"的定义就是不

179

走极端，在继承的基础上变革，在稳定的基础上创新，在坚持原则和适度灵活中处理企业中的各种矛盾和悖论❶。由"灰色"演进出的"灰度思维"可以视作任正非的创新创业管理核心认知之一。

任正非本人的一篇讲话《管理的灰度》，则直接点出了"灰度"这个关键概念，以及其在华为体系中的重要性。任正非说："一个领导人重要的素质是把握方向和节奏，他的水平就是合适的灰度。一个清晰方向是在混沌中产生的，是从灰色中脱颖而出。方向是随时间和空间而变的，它常常又会变得不清晰。并不是非黑即白，非此即彼。合理地掌握合适的灰度，是使各种影响发展的要素在一段时间内变得和谐，这种和谐的过程叫妥协，这种和谐的结果叫灰度。"(9)事实上，任正非认为，华为的成功基因就是"中庸之道"。中庸哲学符合事物普遍联系和永恒发展的客观规律。所谓的"中庸"本身并非是无原则地"和稀泥"，而是在坚持原则和方向的前提下，将矛盾的双方创造性地加以平衡和融合，从而形成对立中的统一，动态中的平衡。有原则的妥协，即任正非所谓的"灰度管理"。(12)就企业发展的过程而言，清晰的方向应该是坚定不移的，但并不是一条直线，也许是不断地左右摇摆，呈现一个"均衡——失衡——再均衡"如此往复的过程，这是为了避免组织体系的崩溃，也是为了防范组织没有活力而逐渐腐败。

---

❶ 吴建国. 华为的世界[M]. 北京：中信出版社，2006.

灰度除了被任正非应用于华为的研发政策与管理外，它还被任正非广泛地应用于华为的战略目标、市场政策、组织设计人员培养与文化建设，以及华为的产权与利益分配等诸多方面。那么，华为又是如何在实际管理中具体应用灰度思维呢？

首先是解决认知差异。华为的一系列开放的措施，都可以理解为解决认知差异的举措，包括向媒体开放、内部系统英文化、构建开放的文化，不仅解决外部看华为的认知差异，也解决华为内部看向外部、内部看自己的认知差异。对立双方信息对等才有可能化解误解，跨越鸿沟。华为在驻外机构中还使用了当地员工与中国员工按比例"掺沙子"这样的策略，来促进文化上的交流，纪录片《美国工厂》也使用了类似的方案，国内员工与美国员工结伴工作。

在解决认知差异的同时，还需要定位矛盾各方的冲突点，找到需要解决的问题。例如，员工、管理者与客户之间的产权与利益分配的冲突[12]，创新研究与开发中的自主研发与技术引进冲突、继承与创新的冲突，长短期发展目标与需求的冲突，等等，只有对这些冲突进行准确的定位，深入理解了冲突的根本原因，才能逐一进行分析与化解。

定位冲突点后就需要使用妥协与灰度思维来解决冲突，最重要的手段是微变革。变革是解决矛盾必要的工具。变革可以是改变自身的模式、工具、技术甚至理念，变革最重要的是尺度。中国有很多变革先驱，有不少或成功或失败的案例，我们可以看到，变革失败的大都是变革过程过于激烈而被各方反噬，或者在主导者退位或逝世后旧势力反扑。比如，王莽篡汉，王莽篡位后施行大量变革，然而他提出的很多变革措施太过理想化，尺度很大，例如废除货币，均田地，这样巨大的变革没有足够的灰度，没有足够的缓冲去容纳冲突的反噬，结果是并不理想。曹操在真实的历史中则是灰度的高手，他的用人哲学是"人无完人，慎无苛求，才重一技，用其所长"。如果不能以灰度的哲学来审视人才、包容人才，那么是无人可用的，曹丞相显然深谙其道。

华为的微创新在制度上的体现是"小改进大奖励、大建议只鼓励"。任正非是这样说的："能提'大建议'的人已经不是一般的员工了，也不用奖励；一般员工提'大建议'，我们不提倡，因为每个员工要做好本职工作。大的经营决策要有阶段的稳定性，不能每个阶段大家都不停地提意见。我们鼓励员工要做'小改进'，将每个缺憾都弥补起来，公司也就有了进步。所以，我们提出'小改进，大奖励'的制度，就是提倡大家做实。"[5]

从这里我们也可以看到，华为组织的顶层和高层是强调灰度的，水至清则无鱼；但是对于中、基层是要淡化灰度的，细节要确定，要做踏实。只有灰度才能保证大尺度上的稳定性，同样灰度的尺度需要掌握好，在微小之处做实，才能实现微变革，才能最终达到灰度的和谐。

灰度不仅是华为的智慧，更是中国智慧，正如任正非所说："一杯咖啡吸收宇宙能量，一桶糨糊粘接世界智慧。"灰度，作为一项基于东方思维的管理创新，也将会在华为和更多中国企业中得到更充分的实践与发展。当然，我们还是需要结合自身的情况，顺着开放、妥协再到灰度的路子，将企业内存在的矛盾和悖论，整合、消融并趋近和谐。

华为的开放、妥协和灰度，起源于任正非的管理哲学[7]，并已被公众认可，但是，在未来可以预见的后任正非时代，这些管理理念又将如何传承？

14

竞合共生

向华为学创新

企业出海首先遭遇的难点，就是在全新的商业竞争生态中，与国际巨头短兵相接。原本的成功经验能否直接复制到海外？答案往往是否定的。营商环境不同，需要具备的成功要素可能截然不同。如何面对与跨国大公司之间的竞争？如果选择自力更生，强者对话，在这个过程中，企业前期要靠国内母公司不断输血，否则赤膊上阵，十有八九要惨败而归。这是因为，你把商场当成零和游戏，陷入了"伤敌一千、自损八百"的窘境。

面对强者更高明的做法是，竞合共生。合纵连横，以有竞有合的模式去处理更加复杂的外部环境。从竞争存活到"生态之道"，我们从华为发展的三个阶段不同战略中全面剖析华为对竞合的理解。

第一阶段：避实击虚。

古人云，商场如战场。早期作为弱小的、存在各种不足的后发企业，华为在残酷的国际竞争格局中是怎样配置资源的呢？

众所周知，核心技术是竞争优势的重要来源。要拥有自己的核心技术，企业必须坚持"压强原则"，要经得住其他投资机会的诱惑，有所不为才能有所为，重点突破，系统领先，将资源集中配置，摆脱在低层次市场上角逐的被动局面，寻求对未知领域研究的系统突破，从而依靠点滴的技术积累，逐步摸索出企业的核心技术架构。也就是说，企业的核心技术之路，必须依靠研发的高投入获得产品技术和性能价格的领先优势，才能使企业达到并保持高于行业水平的平均增长速度和盈利能力。[7]

华为善于向竞争对手学习，把它们作为老师。习惯在面向海外市场的搏击中，向对手学习，熟悉市场，缩小与对手的差距，赢得市场。

实际上，早在1992年，华为就开始密切关注世界顶级企业如何管理，为此曾远赴美国、德国等西方国家进行考察，还走访了阿尔卡特、西门子等行业中处于领先地位的公司，学习它们先进的管理技术。

1997年，任正非又陆续拜访了美国休斯、IBM贝尔实验室和惠普等公司，这一系列近距离的接触令任正非大为震撼，也给了他许多触动和启示。经过内部的深思熟虑与反复讨论后，任正非提出了一系列改造计划。这场改造活动从 1998 年开始，也是华为创立 10 周年之后，公司进入全面学习西方经验、不断反省自身、持续提升内部管理的新阶段。[5]

在这个阶段，华为主要用了两招：开发聚焦和市场错位。

第一招，开发聚焦。

"压强原则"是华为多年与国际电信厂商竞争积累的一个重要经验，其根本动机在于企业的资源本身是有限的，如果将资源分散投入到不同领域，那么往往一无所获。"伤其十指，不如断其一指"，要根据实际情况，在不同的时间段里面，集中所有的资源投入某个领域，强力突破形成局部优势地位，然后逐步扩大，确立全面优势。

在领先企业进入的核心地带先少量配置研发资源，而在领先企业较少进入的边缘地带多配置研发资源，是华为作为后发企业成功进入市场的第一个理念。

这里面包含两层意思：一层是技术上的"核心与边缘"，另一层是空间上的"核心与边缘"。在大型企业已经占领的关键技术方向上，尽量减少竞争和冲突，而在边缘领域上先占据一定的地位，与领先企业形成技术互补，增强合作；在大型企业已经占领的高端市场上，尽量避免竞争和冲突，而在边缘市场上先占据一定地位，再进入高端市场。这种结构性的资源配置方式是华为和平进入市场、获得发展机会的关键。

第二招，市场错位。

华为的国际化路径可以说是"先易后难，由浅入深，层层击破"。

秉持着"先近后远"的战略方针，公司出海第一站放在了中国香港。华为与名满香江的电讯盈科的开创活动使得华为跻身香港通信服务商的格局之中，并跟随电讯盈科面向世界各地开展CDMA网络漫游服务。

进入中国香港市场的同时，公司北上俄罗斯。然而萧条的市场环境，民众购买力的严重低下，迫使很多大型通信企业纷纷撤离俄罗斯。但是在华为眼里，这种特殊的环境，反而意味着市场潜在需求的扩大。华为在这个竞争并不激烈的市场果断出手，占得先机。通过与俄罗斯客户贝托康采恩公司成立合资公司成为新型跨国企业，不仅在初期解决了企业进入的燃眉之急，而且在市场政策好转的时候取得了巨大的成功。

进军非洲和拉美市场，是最典型的"农村包围城市"策略，根据外部竞争格局，内省自身，合理配置资源。当良田沃土都被西方公司抢占一空的时候，只有偏远、环境恶劣的地区，竞争对手投入少，华为才有切入的机会。曾经在这里抢得先机的阿尔卡特，其国际化战略难以长期维系，因为连员工都不愿在这里长期工作。华为人靠着艰苦奋斗、吃苦耐劳的精神取得了区域市场的成功。

有了一定的品牌影响力和良好的声誉，为中东市场的开拓提供了比较好的条件，我国与中东国家良好的关系，也为华为在中东地区的发展提供了良好的外部环境，中东国家和民众对华为并不像其他地区那样欺生。除了中东，华为在南亚和东盟也取得了不错的成绩。

有了"农村市场"，投入资源，开发当地客户需求的产品，产生一定实力和影响力之后，华为开始进入竞争对手的市场腹地，进攻"城市"。2000年进入法国，2003年进入英国，继而荷兰，然后德国，由易到难，一步一步推进在西欧的版图。尤其是华为进入德国，做好德国市场具有很好的示范作用，再次战胜国际对手，更能说明企业的能力和优势。在最初进入欧洲电信市场的时候，华为先是和当地小型电信运营商合作，随着合作范围的加深，服务质量逐步获得了客户的信任，渐渐成为能够和老牌电信设备供应商平起平坐的商家。[5]

与我国一些企业走出国门过于依赖价格战不同，华为在发展的第三阶段，在海外市场的拓展上，强调不打价格战，要与友商共存双赢，不扰乱市场，以免西方公司群起而攻之。通过自己的努力，通过提供高质量的产品和优质的服务来获取客户认可，不损害整个行业的利润，也不做市场规则的破坏者。[5]

这时任正非并没有头脑发热迅速占领全部市场，而是强调"三分天下有其一"，只是要和其他商家协调发展，不会为了竞争市场打价格战，而是在动态的协调中维持自己的市场份额。另外，任正非认为，要保持合理的毛利水平，不要破坏行业价值。只有共赢的市场，才能使供应方和接收方均良性发展。[5]

"实而备之，强而避之"。根据自己的资源和能力，找到外部适合自己的市场和目标客户，一步步扎实地快速成长。这种"农村包围城市"的策略正是华为在外观大势之空间、内省自身之资源后的正确战略决策。

在竞合战略当中，如果自身处于小企业阶段，这个时候特别强调的是规避大企业竞争的压力，谋得生存的空间，所以更多采用的是韬光养晦，不被别人注意的做法，要能够找到自己独特的生存空间。

第二阶段：化敌为友。

成长起来的华为越来越受到竞争对手的重视，面对新的竞争局面，采用专利互换和合作研发两招来化敌为友。

第一招，采用专利互换的合作方式大大降低了成本。

在"农村包围城市"策略成功实施后，华为也从模仿创新基础上开始大力强调合作创新。这样的例子有很多，比如，"差距合作"。

通过建立创新研究计划（HIRP），华为与120多个著名高校和研究机构、100多位院士建立了合作。仅2015年，HIRP计划就支持了170多个研究项目。[2]

除此之外，直接购买其他公司的技术也是"差距合作"的一种方式。

随着自身实力的提高，竞争格局的变化，华为逐渐转向"差异合作"。差异合作强调合作双方主体地位的平等性。采用的第一种方式是专利交叉许可。2008年华为支付给西方公司的交叉许可费用达到2亿多美元，但用这2亿多美元得以实现高达200多亿美元的合同交易额。

第二招，采用合作研发的方式开发新技术。

在资源共享、优势互补的情况下，双方共同参与研发，共担风险，共享创新成果。公司先后与 TI、英特尔、微软、NEC 等世界一流企业建立联合实验室，还与松下、NEC 成立宇梦公司。以与美国 3COM 公司合作成立合资企业为例。华为以低端数通技术占股 51%，3COM 出资 1.65 亿美元（占股 49%）就可以把研发中心转移到中国，实现成本的降低；而华为利用 3COM 世界级的网络营销渠道来销售华为的数通产品，大幅提升了产品的销售，2004 年销售额增长 100%。这样既达到了优势互补、互惠双赢，又为资本运作积累了经验，培养了人才，开创了国际化合作的新模式。[5]

此外，华为还与国际运营商广泛合作，包括沃达丰、西班牙电信、意大利电信等成立了近 20 个联合创新中心，开展与客户的联合创新和共同创新。

通过合作，华为业绩大幅提升，更重要的是，为了解对手和客户提供了窗口，缩短了与国外巨头的差距，创新能力大幅提升，国际专利数量大增，在市场品牌方面的国际影响力与日俱增，为华为领路世界打下了扎实的基础。

化敌为友的策略是指企业成长到一定的阶段，一定会引起行业的关注，这个时候要巧妙地利用合作的手法去削减竞争带来的力度和伤害，同时通过与部分企业的合作，增强与其他企业竞争的实力，也就是战国时秦国采用的战略"远交近攻"。

第三阶段：生态共赢。

已经发展成为行业领先者的华为，开始谋求生态共赢。

一方面，在更高级别、更广泛地与各方共建生态。

近几年来，"生态"这个词对于华为及其合作伙伴而言并不新鲜，在公司的各类大会和各种活动场合一直都有着较高的位置及点击率。"合作伙伴大会"在名称上首度变为"生态伙伴大会"，名称上的改变向合作伙伴、用户及业界传递了什么信息呢？在大会名称变化的背后，华为有哪些深层的考量？"生态伙伴大会"有哪些不一样？为什么传统的"合作伙伴"的模式已经不足支撑它的进一步发展了？

在多条战线取得成绩的同时，则是公司在合作伙伴数量及质量方面的双增长。华为"产单"的合作伙伴数量已经达到近6000家，业绩过亿的合作伙伴超过30家，优选伙伴数量超过1000家，金银牌合作伙伴超过700家。此外，公司分销业务增势迅猛，收入增幅超过65%，其中80%以上的服务已实现由合作伙伴交付。

毫无疑问，华为还要持续走向开放，它的"创造发明不是以自力更生为基础的"，是依赖于一种开放的体系，不断学习、不断提升才能获得进步。[5]也只有开放才能获得战略机会点，占据了战略机会点才会有人支持你，反之，就无路可走。[7]创新是站在巨人的肩膀上前进，同时像海绵一样不断吸收别人的优秀成果，而并非是封闭起来的"自主创新"。[5]在华为逐渐成为行业最强者的时候，创造和主导生态圈就水到渠成了。

例如微软，多少人在微软Windows上开发了二次应用、三次应用，如果微软消亡，以它为基础的所有应用都要重新做一遍，大家怎么会希望微软垮掉呢？苹果公司也不会轻易垮掉，因为苹果公司也有很多伙伴。现在教学系统都在用苹果软件，上苹果App Store，吃喝住行，应有尽有。华为在向这些公司学习，也要走向这条路。[5]

相反，如果华为一家去集大成，就会树立一大堆敌人，就将颠覆这个世界。谁要颠覆这个世界，而往往最后谁就是自取灭亡。所以任正非说："还是要利用盟军的力量，我只要乘着你的船，能挣点钱就够了，我为什么要独霸这个世界呢？"[5]

2018年，在全球顶级的创业研究期刊《商业创业杂志》上，有三位来自欧洲的学者发表了一个跨国研究。在这个研究中，他们对55家跨国公司申请的14万多项专利认真地做了分析。研究表明，企业研发层面的对外联盟行为，尤其是地理多样性下的联盟行为，能够对企业的研发绩效带来显著的提升。简单来讲，在多个国家开展研发方面的合作，可以充分利用不同国家情境下的研发特长，同时规避单个企业在研发中的局限性思维，获得更加丰富的见识。❶

另一方面，开放共建的同时，华为备而不破。

以手机芯片为例，在设备研发与生产上，华为不仅使用供应商的芯片，而且在芯片方面主要是和供应商合作，甚至优先使用供应商的芯片，这本身就是一种开放的体现。假如他们自己建立一个封闭的系统，不用供应商的系统，那么封闭必然导致能量耗尽，最后枯竭。[5]余承东坦言："在智能手机核心的关键器件、关键部件、关键核心部件方面，华为正在做布局和准备，华为可能不一定生产或制造某些东西，但不代表不拥有核心技术，去解决技术问题。"在核心科技上，可以不生产，但不能不拥有。

这就是华为的各种备胎计划，只做自己擅长的，但又不丧失战略主动性。

---

❶ Belderbos, René, Jacob J, et al. Corporate venture capital（CVC）investments and technological performance: Geographic diversity and the interplay with technology alliances[J]. Journal of Business Venturing, 2018, 33（1）: 20-34.

在第三个生态共赢阶段强调，当企业成为行业领先者的时候，要有更大的格局，打破行业的边界，用行业生态共生发展的视角，来看与其他同行企业之间的关系，由此推动整个行业的进一步发展。

这样一来，我们就不难理解一开始的问题，为什么华为坚持自主开发芯片和操作系统的同时，还重视和美国一流供应商的合作。说到底，生态是更广泛、更深度的合作，企业必须积极探索在互利基础上广泛的开放合作方式，通过"强强联合"进一步巩固和发展自己的核心技术体系。任何一家企业都不能长期垄断技术，知识经济即竞争经济，也是合作经济，开放与合作是技术发展的大趋势。闭门造车式的技术创新难免会使企业遭到淘汰，只有加强企业间的合作，包括与竞争对手的合作，才能在利益共享的基础上共同发展。[7]

正如任正非所说："合不合作都是利益问题，我个人主张竞合。我们强调聚焦，聚焦后我们还是需要很多东西，去和别人战略合作，而且是真心诚意地合作，我们就有帮手去抵抗国际上的压力。"[5]"合作要找强者合作，比如，有时候我汽车没油了，我就蹭他的车坐一坐，总比我走路好，总比我骑毛驴好。所以我们要敢于并善于搭上世界各种车，我们这个利益就多元化了。利益多元化，谁能消灭你？"[7]

在建设生态的问题上，华为清醒地认识到，生态是无法凭一己之力做到的，需要联合不同的合作伙伴一起来满足用户需求。企业不仅要有自己的平台，同时还要打造一个良性的生态，并通过"双轮驱动"来最终满足用户需求。

此外，身处数字化转型时代，合作伙伴的角色发生了很大变化。在华为看来，"管理合作"远比"管理竞争"更为重要。华为当前更多的是作为一个合作者或协调者的角色，也体现了自身在所倡导的生态系统中角色的多样性。

通过对华为发展的三个阶段不同竞合战略的梳理，我们不难发现，在发展的不同阶段，企业的角色是不一样的，这决定了企业应该制定差异化的战略决策。

在企业发展早期，行业内已经存在竞争者，并且都具备了一定的优势，占据着核心市场，获得丰厚的利润，新进入者扮演着挑战者的角色，不得不面对先进入者的竞争优势，找到自己的生存空间。这个阶段，比较明智的做法就是模仿聚焦，分析竞争对手，并集中资源聚焦局部市场或者特定产品，在既有竞争者没有优势或者不愿进入的领域"渔翁得利"，从而得以立足。

随着企业的发展壮大，开始扮演"追随者"的角色。

其资源更加丰富，在局部市场已经具备积极进攻的实力，但是战术上仍然需要曲线迂回，避免与最强者直接和全面的对抗。

打败最强者，就是行业的领先者。此时企业应该在战略上积极防御，战术上正面进攻，确保行业的生态朝着有利于自己的方向发展。

15

左右互博

向华为学创新

左右互博 / 15

《计篇》是《孙子兵法》的十三篇之首和全书总纲，所谓"运筹于庙堂之上，决胜于千里之外"，讲的就是决策的重要性。在现代商业中，决策也是企业管理的核心，甚至关系到企业的命脉。在关键时刻，一个英明的决策可能让濒临破产的企业起死回生，一个错误的决策可能把高歌猛进的企业推向万丈深渊。

柯达，曾经风靡全球的摄影界一哥，鼎盛时期曾一度占据全球 2/3 的胶卷市场份额，创造过诸多神话。但随着数码成像技术迅猛发展，数字浪潮席卷全球，传统胶卷市场持续萎缩，柯达的销售业绩急剧下降，这个老牌王者从此没落，走下神坛。大家或许并不了解，这个被数码相机打败的柯达，竟恰恰是人类历史上第一台数码相机的发明者！但出于保护胶卷市场的考虑，柯达做出了雪藏这一新技术的决策，这一失误的决策直接引发了辉煌百年之后的轰然倒塌。

反观目前国内互联网巨头腾讯，2004年的QQ用户数已达到4.78亿，为腾讯贡献了超过50%的利润，而马化腾却在为"移动互联网最后一张船票"发愁。2010年的深圳，张小龙在腾讯内部竞赛中脱颖而出，率先推出新型互联网社交工具"微信"，截至2019年一季度，微信用户数突破11亿，成为腾讯发展的新"引擎"。这一自我革命和自我颠覆的决策，造就了腾讯近12年市值疯涨279倍的传奇。

佛经有云："一念成佛，一念成魔。"由上面两个案例可以明显看出，企业成败有时只在一念之间。美国一位管理学家曾做过这样一个调查，他向一些企业的高级管理人员提出三个问题："你每天最重要的工作是什么？你每天在哪些方面花的时间最多？在履行工作职责时，你觉得最困难的是什么事？"90%的回答都是：决策。美国兰德公司决策执行顾问马利奥曾说："世界上每1000家倒闭的企业当中，85%是因为企业决策者决策不慎造成的。"

大家似乎早有共识，决策是管理者的首要任务，管理者最重要的能力是决策能力；而卓越的管理，核心就在于透过重重迷雾，抓住事物发展的本质及规律，做出正确而具有远见的决策。但是，别忘了，任何管理者都不是神，每个人都有局限性。在市场变化越来越快、竞争跨界、影响因素错综复杂的今天，无论如何充分的情报搜集，如何庞大的数据论证，如何全面的比较分析，如何缜密的逻辑推演，都难保999次出类拔萃的决策之后，不会发生

1次主观失误，而1次关键性的失误有可能就是一着错，满盘输。

现代管理学之父彼得·德鲁克在发现人类思维的局限性之后提出：有效决策必然建立在"议论纷纷"的基础上，从多种不同而且相互冲突的见解中产生，并特别强调反对声音的重要性——决策的过程必须特别重视反面的意见，从对立的观点中汲取营养，拓宽思路，减少失误的概率。

近代的国内外军事实践，将这种智慧延伸并广泛地应用。熟悉军事的朋友都知道，各军事强国为提升部队实战能力，竞相建立相对于"红军"而言的"蓝军"。其中，"红军"是指正面战场作战的正规军，而"蓝军"是与"红军"对应的假想敌部队，也被称为"红军"的"磨刀石"。"蓝军"通过模仿竞争对手的作战特征，与"红军"展开针对性的对抗演练，让"红军"在真刀真枪的磨炼中暴露问题，在实战化危局、险局、难局中得到锤炼。

我国2011年成立的"中国蓝军第一旅"，以打造"红蓝兼备、形神兼备、攻防兼备"和"知敌、像敌、胜敌、超敌"的"全军一流、世界知名"假想敌部队为目标。该旅成建制、成体系、高仿真模拟训练，与全军各大军区作战师旅、海军陆战旅等"红军"部队多番交手，把"红军"在常规演习场上看不到的问题一一逼了出来。一位"红军"指挥员说:"尽管我们是老牌劲旅,但在这支'蓝军'面前却显得力不从心。'蓝军'把我们逼到绝境、难到极限,逼着我们动脑筋想对策,多学几手。"现在,红蓝军对抗演练的复盘资料已成为军中各部队深入研究战略战术、提升实战水平的重要工具和财富。

再来看看美国。著名的军事学院西点军校很早就在教学中引入并高度重视模拟对抗。美国政府千禧年前后敏感察觉到网络力量崛起的趋势,国家安全局NSA曾模拟黑客的入侵模式对军校学员进行各种不断进化的模拟网络攻击,而学员们必须及时阻止NSA盗取口令,拦住入侵者,并清除恶意软件,保证自己的服务器不宕机。美国空军曾向全世界安全专家发出"黑进空军"的挑战,任何黑入其公开网站的人都可以获得不菲的奖金。美国政府更在2001年"9·11"恐怖袭击后,从CIA的Sherman Kent中心聘请外部专家建立"蓝军",专门对情报进行"假设研究、镜像处理与复杂分析"。这些"蓝军"的角色一方面激励了正规团队"红军"进行战术磨炼,另一方面又加强了"料敌机先"的竞争能力。

军人出身的任正非,在华为的管理中深度借鉴了"军事模拟对抗"概念,并逐渐演化成为今天华为组织文化中的"红军蓝军机制"。

华为在2006年成立"蓝军参谋部",目的就是从竞争对手角度观察华为的战略或技术发展,通过逆向思维和换位思考，审视和论证"红军"的漏洞和弱点，塑造体制内的"反对"声音，模拟竞争对手研究打败华为的战略。华为的"红军"则通过"红蓝军"的对抗模拟体制和运作平台，对当前的战略思想进行反向分析和批判性辩论，在技术层面寻求差异化的颠覆型技术和产品；在战略层面调整规划设计，强化资源投入，从而保证华为一直走在正确的道路上。[11]

简单来说，"红军"代表着现行的战略发展模式，"蓝军"代表着主要竞争对手或创新型的战略发展模式。"蓝军"通过唱反调来模拟各种对抗性声音和市场上可能面对的各种风险，甚至是一些危言耸听的信号，通过自我批判、警告与对抗，使华为始终保持强烈的"冬天"意识，并持续触发竞争机制、创新机制，为华为董事会提供决策建议。按照任正非的解释："蓝军存在的目的就是要想尽办法否定红军，让红军时刻保持竞争状态。"

这里有一个"蓝军"力挽狂澜的小故事。2008年，华为打算将终端业务出售给贝恩资本，而"蓝军"发现了终端在未来市场的重要性，及时否决了这项交易，扭转乾坤。当时刘南杰等华为"蓝军"专家给任正非写了份报告，标题是《放弃终端，就是放弃华为的未来》，旗帜鲜明地提出通信产业是"端－管－云"三位一体：只有保留终端业务，华为才能真正了解消费者的需求，进而理解并引导运营商的要求，从而把管道业务做大，把云做大。今天来看，这真是一份极具战略眼光的报告，正是这份报告奠定了华为手机的辉煌。

当然，"蓝军"的专业唱反调也是建立在极高成本上的。例如，在 2015 年，华为有一款手机因为在高温环境测试中出现了胶水溢出的情况，尽管只是千分之几的发生概率，但"蓝军"部门经过评估后，依然否决了这批手机上市的决定，直接带来 9000 多万元的经济损失。用 9000 多万元来保证华为手机品牌声誉万无一失，这是"蓝军"做出的一个艰难选择，内外部都承受了极大的压力。

"蓝军"不仅不断对各业务部门及运营部门挑刺，还将矛头直指任正非本人，甚至直接拿出任正非"10 宗罪"，措辞犀利，一针见血。比如，谈到任正非的管理风格，"蓝军"说："任总有时候指导过深、过细、过急，执行过于机械化、僵硬化、运动化……"谈到业务管理，"蓝军"说："任总的很多管理思想、管理要求只适用于运营商业务，不适用于其他业务……盲目要求其他业务适配不合适，甚至可能是一个灾难。"谈到用人，"蓝军"说："任总强调向美军学习，强调一线经历，强调海外经历，这本身没有错，但执行过于僵硬和一刀切，就造成大部分经理都是白发丛生，缺乏朝气，这样下去，会扼杀真正有理想的优秀年轻人。"大家都知道任正非在国内企业界也算出名的强势了，平日批评别人不少，发火的时候旁边人都是战战兢兢的，但"蓝军"依然要挑战权威，这分压力可窥一斑。

如何让"蓝军"真正卸下包袱，放开手脚，像竞争对手一样"肆无忌惮"地对抗，是这一机制运行的前提。任正非在华为内部为"蓝军"创造了有效的保护机制，并为"蓝军"树立了非常高的地位：首先是管理层统一理念"真正的强大都是从敢于否定自己开始的"，同时自上而下在全公司进行危机意识和自我批判文化的价值传导，鼓励彼此"挑战"，让批判和竞争精神渗透到全公司各个层级的组织细胞中，并配套完整的制度安排。例如，华为会通过员工自我批判委员会和道德遵从委员会，对全公司各相关部门的自我批判制度建设、自我批判活动实施等进行政策指导和有效监督。

"蓝军"的难点在于跳出原有的思维框架，突破现有的能力陷阱，进行根本性、革命性的自我否定。任正非在一次会议上说："要想升官，先到'蓝军'去，不把'红军'打败就不要升司令。'红军'的司令如果没有'蓝军'经历，也不要再提拔了。你都不知道如何打败华为，说明你已到天花板了。"从此，"蓝军"成为华为管理人才的培养基地，这种蓝红转换的思维，使华为的管理层得到了极好的锻炼，尤其是在容纳"矛盾"的基础上迸发新的思路，在不同策略中灵活转化跳跃。

就这样,"红军"为守,"蓝军"为攻;"红军"为稳,"蓝军"为新;"红军"传统,"蓝军"批判;"红军"踩油门,"蓝军"踩刹车;红蓝转换,竞争创新。华为通过"蓝军"与"红军"的左右互博,使各项决策都建立在两方动态博弈的基础上,更大程度上保证了决策的正确性与前瞻性,并塑造了文化上的危机感和机制上的强大纠错能力,在激烈的市场竞争中始终保持着先进性。正如《射雕英雄传》中武功集大成者老顽童周伯通,一手空明拳,一手大伏魔拳,一柔一刚,一虚一实,刚柔并济,虚实相生,退敌于无形。

我们不难发现,这种左右互博思想具有两个核心的要素:一是自我批判,二是内部竞争。

回顾中华民族五千年历史长河,我们很早就能看到自我批判的影子。例如,在很多朝代的政治制度设计中,都有谏官这个职位:从春秋初年的大谏,到晋国的中大夫、赵国的左右司过、楚国的左徒,都属于谏官性质;汉朝曾有各类不同的谏官设置,而隋朝的纳言、唐代的左右拾遗与左右补阙、宋朝的司谏与正言等,都在不同时期履行着挑皇帝的错误和毛病、纠正皇帝缺失的职责。其中,唐朝谏议大夫魏征宁愿冒杀身之祸,也要直言谏诤,深得唐太宗器重。唐太宗曾问魏征:"历史上的人君,为什么有的人明智,有的人昏庸?"魏征说:"多听听各方面的意见,就明智;只听单方面的话,就昏庸。"他还举了历史上尧、舜和秦二世、梁武帝、隋炀帝等例子,说:"治理天下的人君如果能够采纳下面的意见，下情就能上达，他的亲信要想蒙蔽也蒙蔽不了。"唐太宗在魏征死后追思："以铜为镜，可以正衣冠；以古为镜，可以见兴替；以人为镜，可以知得失。魏征殁，朕亡一镜矣！"二人故事传为一代佳话。

打个比喻：华为的"蓝军"就好比魏征，"红军"可以类比唐太宗。唐太宗不惧批评，在魏征的辅佐下开创了中国古代史上最光辉灿烂的大唐盛世；而华为通过"蓝军"构筑组织的自我批判能力，推动在公司各层面的红蓝军对抗机制运行，在红蓝对决中永葆青春活力与激情。二者背后的逻辑是相通的，越是尖锐的批评，越能暴露问题，从而解决问题，获得进步。

在现代其他成功企业的身上，我们也能看到内部竞争的成功实践，例如，国内在线旅游度假行业一家独大的携程。携程通过兼并收购，控股参股去哪儿、同程等多家商业模式相似的企业，却几乎不干预它们的日常经营，仅仅保留董事会层面的管理协调，任由它们各自独立发展、相互竞争、"同门相残"。从常理上来说，这种集团体系内的彼此消耗会减少携程的整体收益，不利于协同效应的发挥，但也正是这种内部竞争机制的引入，逼着大家不断提升组织的决策科学性和应变能力，从而保持竞争优势。

不仅针对兼并收购的外来企业，对于完全内部孵化的项目，携程也同样鼓励内部竞争。例如，携程内部根据各业务板块的发展阶段和规模，设有2个BG事业集团，近20个大大小小的Business Unit生意单元和Entrepreneurship Unit创新单元，同时设立创新工厂，不断进行新项目的孵化和培育。携程对这些业务单元仅进行OKR考核，并不过多干预日常经营，因此，这些业务单元各自拥有较高的自主权，成为内部竞争的"小老虎"。在这种机制下，员工的创造力得以充分释放，组织的活力被全面激发出来，企业生命力凸显。

如果说携程通过内部竞争避免了企业的惰性和惯性，以此适应快速变化的业务需要，那么华为就是通过"蓝军"与"红军"的对抗竞争让企业一直处于自我修复再生的战略通道，从而确保企业战略的正确性。其背后的逻辑在于：内部竞争与对抗犹如一支疫苗，成功地激活企业体内的免疫细胞，通过研发对策产生自我保护的抗体，将危机控制在萌芽之中。

海尔总裁张瑞敏曾说过一句著名的狠话："自杀重生，他杀淘汰。"华为正是通过"蓝军"与"红军"的相互厮杀，使华为在自我批判中反思和成长，在内部冲突后达成共识并全力以赴，在左右互博中保持活力、探路创新，从而在复杂的动态竞争环境中拥有更强的应变能力，不断自我改造、自我革命、自我迭代。这正是创业30年的华为仍然保持高速发展的重要驱动因素之一。

16

吐槽就要大点声

向华为学创新

《孟子》中有句话："得天下有道，得其民，斯得天下矣。得其民有道，得其心，斯得民矣。"大意是，获得民众就可以得到天下，而获得民众的办法，就是赢得民心。三国时期的军事谋略家司马懿曾说"得民心者得天下"，同样说明了人心所向的重要性。

　　现代商业同样极其重视人心，既包括希望洞察消费者的心智，又包括俘获员工的忠诚。马克思主义认为，决定生产力高低的因素只有三项：劳动者、劳动资料与劳动对象。其中，劳动者也就是员工，是三要素中最基础也是最复杂的一项。尤其是在如今的知识经济时代，如果把企业比喻成一座擎天大厦，那么优秀、稳定的员工队伍就是大厦的基石。越来越多的企业相信，人力资本是企业成功的关键。因此，优质人才的争夺愈演愈烈。

　　马云曾说，员工的离职原因林林总总，但归根结底就一条：干得不爽！了解员工的真实想法，已成为各大企业人力资源部门的一大重要课题。有的企业设置了总裁意见箱，但一年到头也没有人往里面投意见；也有企业定期开展员工访谈，但听到的都是歌功颂德或无关痛痒的内容。大部分的员工在心中有苦、脑中有怨、眼里有恨时，依然只会自己默念"要么忍，要么滚"。最后，有能力且年富力强的员工真的"滚"出了公司，而在人才市场上不具备核心竞争力的员工带着满腹牢骚在公司隐忍，无论是工作效率还是主观能动性，抑或是工作热情，都大打折扣，并且公司整体人力资源状况呈现出"劣币驱逐良币"的趋势，对于公司的持续发展显然是极为不利的。

著名商业畅销书作家帕特里·克兰西奥尼在他的代表作《团队协作的五大障碍》一书中指出，团队创造力的发挥存在五道枷锁，其中一道基础的也是致命的枷锁就是惧怕冲突而一团和气。[3]当一家公司自上而下只能听到一种声音，当企业文化不是百花齐放、百家争鸣，当员工不敢直抒胸臆地表达不满、说出心声……，那么，员工就容易被等级藩篱或部门隔阂所困，没有办法或没有意愿为公司发展献计献策。中层管理者则难以听到一线的炮火声，难以了解和掌握真实可靠的基层信息，包括获得真实的客户需求和用户痛点。高层管理者就更加难以深刻了解外部市场和内部运营的全貌，做出的决策无法找准症结，从而对症下药，甚至脱离群众，那么任何管理手段都可能成为无源之水、无本之木。

因此，华为为了让员工说真话，让员工敢吐槽，避免

"不以客户为中心,以领导为中心"的浮躁之风,做了多年的探索。第一个阶段采用的就是民主生活会的方式。

民主生活会,其实也不是什么新鲜事儿。开得不好,可能变成嗑嗑瓜子、聊聊天的茶话会,抑或是"会而不议"的隔靴搔痒,最后除了几张作秀的照片,什么都没有留下;反之,若能把民主生活会开好了,就可能起到意想不到的效果。

华为的民主生活会要求讲问题,不讲成绩。与会成员不论职位高低,都必须完全放开地批评和自我批评,包括指出最高领导的问题,通过暴露问题引起一些小震荡,避免大的风暴,从而达到解决问题、改进工作、提升公司整体竞争力的目的。

任正非在《华为的冬天》中说道:"自我批评从高级干部开始,高级干部每年都有民主生活会,民主生活会上提的问题是非常尖锐的。有人听了以后认为公司内部斗争真激烈,你看他们说起问题来很尖锐,但是说完他们不又握着手打仗去了吗?我希望这种精神一直能往下传,下面也要有民主生活会,一定要相互提意见,相互提意见时一定要和风细雨。我认为,批评别人应该是请客吃饭,应该是绘画、绣花,要温良恭俭让。一定不要把内部的民主生活会变成了有火药味的会议,高级干部尖锐一些,是他们素质高，越到基层越温和。我希望各级干部在组织自我批评的民主生活会议上，千万要把握尺度。人是怕痛的，太痛了也不太好，像绘画、绣花一样，细细致致地帮人家分析他的缺点，提出改进措施来，和风细雨式最好。我相信只要我们持续下去，这比那种暴风骤雨式的'革命'更有效果。"

在明确的规则以及任正非以身作则带领下，华为逐渐形成了民生生活会的良好氛围。在每一场民主生活会中，与会干部员工既可以指出当前公司或团队存在的任何问题，完全不必担心事后被"穿小鞋"，也可以指出自己工作中碰到的困难和问题，寻求大家的帮助。最后，民主生活会成为一种驱动企业内生性成长进步的有力武器，使公司上下形成更强的凝聚力，激发出更大的活力。

不过具有讽刺意味的是，在民主生活会中，有少数干部不痛不痒地自我批评，甚至变相地自我表扬，比如"我对工作要求过于严格，以至于给下属太大的压力"之类的话。系统的自我批评并非易事，需要更多外力的推动，于是，华为又开办了《管理优化报》。

《管理优化报》有一个栏目，叫作《曝光台》，敞开怀抱欢迎所有员工投稿反映问题，而被不幸曝光的部门则必须以"回音壁"的方式，予以正面回应。因此，被曝光部门通常都会非常紧张，第一时间组织内部学习讨论，分析问题出现的原因，提出具体的解决对策或改进措施，并及时刊登反馈，有时还会引发讨论，真理越辩越明。由此，《管理优化报》起到了批评与自我批评的作用，避免了领导干部作秀式的自我批评，真正实现了提出问题、分析问题、解决问题的完整闭环。不过，它也曾经给华为带来过一些麻烦。

1999年，华为在某省GSM通信设备招标中意外出局，原因竟然就是一期《管理优化报》。当时，一位GSM业务负责人在《管理优化报》上痛斥华为GSM存在这样或那样的问题，竞争对手抓住这点大做文章，客户最后取消了原计划给华为的订单。为此，办事处主任向任正非投诉，说《管理优化报》成为竞争对手攻击他们的靶子，动摇了客户对他们的信任，直接导致他们丢了大单。任正非却说："华为因此丢了一个大单不算什么，自我批评带来的进步将会换来更多更大的合同。如果客户深入想一想就会悟出，华为自爆问题不是愚蠢，是为了不断改进缺点，鞭策自己进步。"果然，后来华为的无线业务发展之路完全印证了任正非的说法，这种自我批评的武器的确成为华为的制胜法宝。

在当时面对外部怀疑、内部质疑以及订单损失的情况之下，任正非仍然坚持办这样一份自揭家丑的刊物，并且没有丝毫的遮掩，直接面向客户公开发行，以此向客户展示华为敢于直面问题并持续改进的鲜明态度，不得不佩服其决心之大、胸怀之坦荡、勇气之坚毅。

任正非以身作则，曾经把对自己的批评也公然刊登在了《管理优化报》上。当时，学建筑出身的任正非对于华为在深圳坂田的园区建设投入了不少心力，包括对于一些具体的设计也会给出意见。在他的授意下，华为的高级培训中心处建了一个亭子。任正非兴致勃勃地邀请某来访的重要客户去参观，客户却心直口快地说了句"真丑"。就这样一件小事，任正非向全公司做了检讨，并在《管理优化报》发文公示："对任正非罚款4万元。"

经此上行下效，《管理优化报》在华为公司内部建立了大胆批评、大声吐槽的文化氛围，强化了自我批评的强者思维。

2008年前后，随着公司快速发展，仅仅靠《管理优化报》和民主生活会已经不能及时反映各方面的管理问题了，任正非决定开放心声社区，让员工多说真话。

在心声社区，华为内部员工都可以随意地实名或匿名发布帖子，以表达意见或进行批评，还可以在别的帖子下面点赞、点评，或继续吐槽。公司会定期将心声社区上的声音汇总起来，发给各个涉及部门的管理团队或相关公司高级管理人员，让大家反思，并且要求给出反思记录以及相应的解决措施，再放回到心声社区上让大家监督。同时，公司绝大多数重大和非重大的政策、决定，包括任正非和各高级管理人员的讲话、文章，都会第一时间发布在心声社区，让18万员工评头论足。

对于匿名的发帖或评论，心声社区不允许任何人追查"马甲"背后的真实身份。不论是谁，若要追查，必须经过任正非本人批准，这样一来谁也不敢去问了。任正非本人也乐见吐槽和批评，从来不去查"马甲"背后的人是谁，正如他自己所说："你看心声社区搞得多好，你骂公司依然照登不误，公司根本不会去查哪个人骂公司，何苦做这个事情呢？他们开始百家争鸣，我们也就睁一只眼闭一只眼。"因此，心声社区成为华为内部真正的"吐槽大会"，甚至允许华为的外部人士作为访客浏览。

2010年年底，任正非在一次讲话中表示："开放心声社区，公司也很有压力，反对的人很多，但我们还是坚持。我不明白有什么家丑不可外扬，员工只要坚持实事求是，事情是亲力亲为，如果有不对的地方，为什么不可以外扬。我们最近在离职员工管理上，删除了维护公司声誉这一条，维护是维护不住的，只有改好才行。要允许员工讲话，绝大多数员工不会颠倒黑白。"

在任正非的大力推动下，心声社区发展得越来越好。有帖子宣传正能量，为公司发展建言献策，也有帖子是

"愤青"吐槽，甚至有相当尖锐或极端的批评。一些帖子引发了很多人共鸣，另一些帖子则掀起了内部辩论的高潮。"炮轰华为""少些浮躁""我们眼中的管理问题"等热帖，都对华为的管理改进与提升起到了非常好的推动作用，意义重大。所谓"春江水暖鸭先知"，任正非和他的高级管理人员团队把心声社区作为一个了解真实信息的渠道，通过心声社区充分调动了广大员工的热情和智慧。

就这样，员工有了发泄负面情绪的渠道和献计献策的平台，公司有了广开言路的机制保障，各级管理层被置于民主监督的浓厚氛围中。据华为内部统计，98%以上的在职中方员工访问过心声社区。正是在18万人的监督以及广泛民主参与下，让吐槽大点声儿，让错误暴露出来，让矛盾释放出来，最大限度地建立了公司内部的信任，有力支撑了企业凝聚力的打造，极大保障了企业价值观的传导，有效触动了一些关键点的改革和调整，使华为始终保持相对健康、向上的组织文化。任正非曾说："我在跟帖中看到的是'将星在闪耀'。"心声社区是华为的透明外衣，也是华为的民主罗马广场，已经成为华为进一步发展壮大道路上的一大助力，发挥着不可替代的作用。

任正非曾经总结：自我批评，成就了华为。无论是民主生活会、《管理优化报》，还是心声社区，都是构建在这一理念之上的制度与流程体系保障。正是这种让员工大胆吐槽的机制安排，不断校正公司的文化坐标和理念，使其不变形、不走样；也正是基于这样让员工大声吐槽的文化保障，广大员工备受鼓舞，心情舒畅、士气高昂。

距今近 100 年，美国管理学家及人际关系学说创始人埃尔顿·梅奥进行了著名的霍桑实验，以"多听少说"的方式组织霍桑工厂的员工访谈，倾听员工对于各项管理制度和方法的不满，提供机会让员工发泄长期积累的愤怒，并详细记录各项意见提交管理者，事后员工普遍士气高涨，产量大大提高。该实验证明，允许员工表达不满和批评，是企业与员工进行有效沟通以及拉近距离的重要方式，能够让员工感受到充分尊重，满足自我实现的需要，从而激发出极大的工作热情与主观能动性，实现企业与员工的双赢。

霍桑实验的研究理论发展至今，不少企业都进行过类似的探索，但流于形式的居多，取得实质效果的极少。华为的实践有三个值得学习的关键点：一是以任正非为代表的公司管理层以身作则，尤其是任正非本人公开自我批评；二是企业文化足够开放和包容，比如，对于心声社区的内容从不做审核，对于尖锐批评的"异端邪说"也从不删帖或追查源头，反而认真地反思、大张旗鼓地讨论；三是建立完整的闭环机制，比如，对于提出的问题限时回复和督办，对于创意类的建议展开讨论并选择性地进行孵化，对于大胆发声的员工给予保护与鼓励，等等。

开一次民主生活会，办一个《管理优化报》，做一个心声社区，形式上都不难，难的是让吐槽大点声儿，从根本上建立自由批评的企业文化，这需要勇气，更需要胸怀；而其中一项重要的驱动力，就是时刻保持的危机感。下一章，我们就来讨论让华为时刻保持危机感的批判性思维。

17

惶者生存

向华为学创新

中国传统哲学思想告诉我们：月满则亏、水满则溢、盛极必衰、物极必反，也就是说，事物发展到一定程度，就会向相反的方向转化，世间万物，无往不复。现代投资学中有一条著名的"均值回复"原则被喻为金融市场的万有引力定律，即所有收益都会回归到某种均值水平。正所谓"花无百日红"，在现实的商业世界，我们很少看到真正的常胜将军，反而看到太多从惊艳四方到黯然失色、从辉煌巅峰到悄然陨落的例子。据美国哈佛大学调查，在世界500强企业名单中，每过10年，就会有1/3以上的企业从这个名单中消失。伴随着人类社会经济发展，总是不断有老兵远去，新秀崛起，历史如车轮般周而复始，滚滚向前。

在这个进程中，优秀的企业，总是不甘谢幕，而是希望跨越周期，永葆青春，基业长青，天地永恒。如何长期保持战斗力，成为众多企业家和广大学者共同关注的话题。

过去人们认为，"重赏之下必有勇夫"，强大的激励机制能够全面调动员工的工作热情和主观能动性，充分激发企业内生动力和发展活力；科学的绩效管理及公平合理的考核评估体系，是激励机制的基础，同时也是持续改善绩效、提高队伍执行力的核心保障。因此，中国经济高速发展 30 年来，可谓"改革春风吹满地，考核升级强激励"：大型外企将 KPI 考核、360 度评估、MBO 目标管理法、BSC 平衡计分卡等先进的考核手段和管理工具带到了国内；竞争性国有企业纷纷打破大锅饭，尝试建立市场化用人机制，并探索高级管理人员股权激励和员工持股等中长期激励手段；优秀的民营企业更是崇尚"狼性"，一方面建立全面的考核体系并强化考核结果应用，另一方面员工股票期权等强激励的举措广受推崇。

然而，很多企业在强化考核激励方面投入了大量的人力、物力、财力，指标越定越细，制度越来越完善，流程越来越规范，执行力越来越强，但同时创新似乎变得越来越少，而竞争对手的模仿速度却越来越快，市场变化与技术进步更是一日千里。

在此背景下，企业依托旧有技术基础和商业模式的高效持续经营，已难以应对新的技术变革、新的市场形势、新的客户需求所带来的冲击。昨日还是引领行业发展的弄潮儿，今日就可能被时代所抛弃；而今日弯道超车的新王者，明日则可能再次被人换道超越。正如数码领先的索尼终结了柯达胶卷的"鼎盛政权"，几年之后却败北于融数码与通话为一体的诺基亚，而诺基亚不久之后面对苹果的攻城拔寨毫无招架之力。历史总是惊人地相似，前赴后继的跨界打劫故事仍在不断上演。如今，康师傅方便面的竞争对手早已不是当年的今麦郎、白象，而是从不生产方便面的美团、饿了么；东航、国航、南航三足鼎立之势被高铁搅局；中国移动和中国联通多年来双雄争霸、刀光剑影，却被横空出世的微信葬送了短信业务的江山……"我消灭你，但与你无关"，企业甚至无法想象下一个竞争对手是谁。

所以，真的不是考核激励不明白，而是世界变化太快，一切都在推倒重来。正如本书第 3 章所提到的技术发展的 S 型曲线以及第二曲线增长范式，技术发展与市场变化是非连续性的，新旧技术总是不断地转换和更迭，相应的产品也总是遵循导入——成长——成熟——衰退的生命周期，这些新旧交替的节点成为很多企业难以跨越的"死亡谷"。尤其是已经占据市场优势资源和行业优势地位的领先企业，往往更习惯于通过强化考核激励，完善内部管理，提高组织运转效率，延续、巩固和强化其在原有的技术发展路径或企业成长路径中的优势，这对于企业沿着原有的增长模式继续渐进式增长是非常有利的。但在另一方面，这些卓有成效的精细化管理，可能会制约企业对于创新的反应速度和应变能力，提高变革的机会成本，甚至滋生按部就班的保守情绪，使企业忽视时代进步与产业发展的新趋势。一旦有破坏性的技术或颠覆式的创新出现，这些领先企业反而容易陷入价值网络陷阱，所谓"庞然大物转身难"便是如此。

2019年5月，美国商务部工业与安全局（BIS）将华为列入所谓"实体清单"，这意味着，美国企业在没有得到政府特别许可的情况下，均不得为华为供货，也就是说，美国政府几乎将华为一脚踢出了全球合作的技术与产业体系。国际社会普遍认为，此举对于芯片技术落后、操作系统也依赖进口的华为而言，无异于釜底抽薪。然而，让人意想不到的是，短短几个小时之后，华为海思总裁的一封公开信在网络上刷屏，揭开了华为多年以来居安思危、未雨绸缪的惶者生存之道。

原来，早在2004年，华为就已经做出了不再能够获得美国芯片和先进技术的极限生存假设。为了应对这个假设中的危机，15年来，华为默默地持续投入，专注地攻坚克难，勇敢地尝试技术突破，秉持一颗匠心攀登研发的高峰。在真正的危机来临之时，我们看到了一个已经准备了15年之久的华为，一个泰山崩于前，脸不变色心不跳的华为，一个在暴风眼中挽狂澜于既倒的华为，一个在至暗时刻挺直脊梁宣布科技自立的华为。

尽管目前华为的芯片可能尚不及高通，鸿蒙系统恐怕也难以在短期内取代苹果IOS或安卓，华为的未来仍然道阻且长；但至少多年筹谋的守正出奇，以及在这场大国博弈中展现的中华风范,犹如在茫茫黑暗的冬夜中亮起的火把,点燃了民族精神,以燎原之势让国人振奋并为之自豪,也让国际社会刮目相看。

回到华为做出极限生存假设的 15 年前,这个刚刚走出思科诉讼和摩托罗拉卖身风波,驶上飞速狂奔道路的企业,何以不为固有盈利模式下短期可见的庞大利益所动,而是顶着外界不看好、员工没信心的压力,不惧艰险,不惜耗费巨资,坚持投入极大的人力和时间成本,走上自主研发这条异常曲折的漫漫长征之路?这一切都来源于"惶者生存"的文化根基。

首先,"惶者生存"体现在深刻的危机感。用任正非的话说:"只有不断有危机感的公司才能生存下来。"2000年,任正非登上美国《福布斯》杂志中国富豪榜第三位,却撰文《华为的冬天》,坦承自己天天思考的都是失败,这样才存活了下来。正如他多次在安逸之时,振臂疾呼"狼来了"。比尔·盖茨说"微软离破产永远只有180天",马云说"十年以内 BAT 未必在,可能三年内就不在了",甚至擅长做细致计划、精确管理的郁亮也屡屡高喊"活下去"……在这些企业"大佬"的视角中,似乎从来没有现世繁盛,只有岁月惶惶;没有因成功荣耀的自豪,只有为生存而战的紧迫。即便在前景一片美好的高光时刻,也永远战战兢兢,如履薄冰。

其次,"惶者生存"表现为强烈的批判性思维,即跳出既定的思维框架,深度思考和主动探寻自身的局限及能力边界,自我否定,自我批判。众所周知,企业发展到一定程度,难免会出现一些大企业病,比如机构臃肿、流程冗长、管理僵化、人浮于事、骄傲自满等。批判性思维正是要通过逆向思考,炮轰这些大企业病,打破过往的惯性,冲破思维定式,让企业在顺境中找到潜在的风险,在歌舞升平下发现潜伏的威胁,这与巴菲特"别人贪婪时你恐惧"的反向投资策略不谋而合。无论是红蓝军的左右互博,还是心声社区的激烈吐槽,都是华为批判性思维的体现。

再次,也是非常关键的一点,"惶者生存"表现为勇敢地剑走偏锋,即打破原有的成长路径和价值网络,开辟一条完全不同的全新道路,为企业构造第二增长曲线。正如当年已是PC端巨头的阿里高举"无线优先"战略,从购物圈全面杀入生活圈;团购之王美团成功转型发展餐饮外卖、酒店旅游两大主体业务之后,又着力打造to B端的数字化供应链解决方案;"零售之王"招商银行近年全面对标金融科技公司,加大研发投入,定位"金融科技银行";国内住宅开发龙头万科提出向"美好生活服务商"转型,围绕城市发展和客户需求构建全新的价值网络……

这些各行业的优秀企业,都是在深刻的危机感中自我警醒,以强烈的批判性思维自我审视,并在第一曲线走向巅峰之前,勇敢地进入相对陌生的领域,寻找下一个方兴未艾的市场，构建能够承载未来的新的增长点。这个过程需要超常的勇气，好比一辆正在高速公路上飞驰的汽车决定安装一个新的引擎，必然伴随着减速甚至是翻车的风险。因此，很多人说，改革是作死。但是，对于追求基业长青的企业，也只能向死而生。毕竟，任何市场都存在天花板，任何优秀的产品或先进的技术都有衰落的一天，原有的增长曲线不可能无限地拉长。不断地反思，自我批判，一次又一次果断地打破现有的价值，抓住战略转机，跨越到新的增长曲线，是企业穿越周期的不二法则。

"惶者生存"不仅是华为的经营之道，还是任正非的人生格言，任正非还将其推荐给众多的干部员工，并在华为选人用人机制中注入这样的基因。例如，每年绩效考核排名后 10% 的员工要强制淘汰或降级；目标完成率低于 80% 的干部也要强制降职或免职；所有干部员工出差坐飞机必须在早上 9 点前或晚上 6 点后，等等。通过这些手段，让"惶者生存"的文化深深根植于每一个华为人的心中，以此塑造华为人永葆斗志、不断进取、艰苦奋斗的灵魂，构造坚强的内部堡垒。其实，无论是个人还是企业，本质上都一样：只贪图享受当下的安乐，最后恐难逃温水煮青蛙的命运；而勇于自我挑战，才有机会飞得更高，走得更远。

谁说大象不能起舞？我们渴望看到，在翻云覆雨、波谲云诡的市场中，越来越多历经风霜雨雪的大象，在危机感中时刻奋发，用批判性思维不断求变，一次又一次勇敢地迈步转身，隐忍着转型的阵痛，在完成自我颠覆之后，以全新的面貌，姿态自如地翩然起舞。这，就是惶者生存之道，基业长青之术。

18

失败又如何

向华为学创新

近年来，"转型"之风盛行，国家经济增长模式转型、政府职能转型、企业转型……，一时间，"转型"成了一个风口浪尖的高频词汇。面对不断演化的市场结构、日益激烈的行业竞争、复杂多变的经营环境，越来越多的企业家为了在不确定的环境中求生存、谋发展，不得不深刻思考转型这一生死攸关的话题。然而，不同企业战略转型的选择和结局却大相径庭，有"凤凰涅槃"的浴火重生，也有危在旦夕的腐化沉沦。发展第二曲线似乎成为企业的生死一战，"转型失败怎么办"成为无数企业家难以面对的"灵魂拷问"。

古人云"失败乃成功之母"。过去人们普遍认为，失败的教训可以成为有益的经验，一次又一次在错误的基础上总结教训，并不断调整前进的方向和前行的策略，持续迭代，才能最终走向成功。于是，有一些企业不断试错，抓住一个又一个"风口"频繁地变更主营业务，在资本市场的多个火热题材间身手敏捷地"闪转腾挪"，从一个战场到下一个战场疯狂圈地，身轻如燕地撒豆成兵，又勇气可嘉地屡败屡战，然而最后真正完成自我救赎的却是凤毛麟角，更多的企业经不住"折腾"，如今已消失在人们的视野中，或是仍在思考路在何方。反之，另一些企业则在崎岖的道路上，以"十年磨一剑"的韧劲和定力，为自己打造出了或绝处逢生或逆流直上的战略空间。

在电商还没有主宰人们的消费习惯之前，苏宁开创的家电连锁发展模式让它成为全球家电连锁零售业市场上价值最高的企业之一。2008年，苏宁与国美的双雄争霸赛落幕，但移动互联网时代的到来，对于主攻线下零售市场的苏宁来说，无异于"老革命碰到了新问题"。面对翻天覆地的行业环境变化和凶猛成长的后起之秀，"老当益壮"的苏宁开启了转战线上的自我革命。在2009—2012年这3年里，在和以京东为代表的对手的竞争中，苏宁不得已走上低价、低毛利之路。"船大难掉头"，在这场"价格战"中，苏宁没少交学费，直接体现在了财务上：2012年，业绩进入徘徊增长期，利润遭遇腰斩；2013年，净利润同比降幅高达85%；2014年上半年，出现了近10年来的首次亏损。表面看起来，苏宁似乎转型失败了，那几年，外界唱衰苏宁的声音此起彼伏，质疑声不绝于耳，但苏宁坚定地看准"实体零售+互联网"的行业趋势，顶住内外压力，用牺牲巨额利润的方式痛苦地完成了转型的第一阶段，成功赢得了未来的发展空间，这才有了今天大放异彩的"苏宁易购""苏宁云商"。

曾经将快速周转经营模式发挥到极致的国内地产龙头万科，在十年前的国内房地产黄金时代，率先向深耕细作模式转型，主动放慢规模竞争的步伐，任凭恒大高杠杆扩张、碧桂园高速周转、龙湖持续发力主流住宅，甚至不惜放弃规模第一的宝座，转而提升品质、细化服务。为了更大程度上满足业主需求，提高社区品质，又由只做住宅的减法转为持有物业的加法，致力于转型城市配套服务商，打造名副其实的生活中心，提升区域能级，由卖房子变成了卖生活方式。在唯规模论英雄以及住宅市场价格飙升的背景下，万科此举备受质疑，无论是规模优势的减小还是即时经济利益的损失，从当时的视角简单看来，不得不说是失败。但是坚守几年之后的万科却成为品质生活的代名词，构造了让城市更有温度、让社区生活更美好的健康企业形象，甚至形成了独特的"万科式"区域带动效应——一块价值平平的土地，只要有万科的进入，就能带动土地价值和区域经济的提升。在国内房地产行业进入白银时代、房企纷纷谋求转型的当下，集住宅、产业、办公、教育、医养、商业、长租公寓于一体，城市配套服务全业态环环相扣、有机统一的万科，显然已经占据了较大的优势。

可见，转型难以一蹴而就，发展第二曲线的道路也并非一片坦途，可能经历船到中流浪更急、人到半山路更陡的艰难时刻，可能短期财务业绩承受极大的压力，可能不被理解，孤寂难耐。这时，需要的就是近乎执拗的坚持和咬定青山不放松的定力。因为，四面楚歌的响起，或许正是最后一击的号角发出；合围之势的形成，可能正是突围而出的召唤；质疑谩骂的出现，也许正是崭新生态孕育之时。

明代学者杨梦衮曾说："作之不止，可以胜天。止之不作，犹如画地。"是成就"胜天"的伟业，还是陷于"画地"的牢笼，关键在于能否坚持到底。观诸历史，那些取得卓越成就的人，往往是能比普通人"多坚持一下"的人。孔子深知《易经》微言精义，便愈探究愈深入，愈深入而愈不知其所穷，"韦编三绝"足见其功；董仲舒求学期间"三年不窥园"，在坐冷板凳的坚守中迈向学问的圣境；西晋著名文学家左思为写《三都赋》，废寝忘食、夜以继日，用十年心血成就了"洛阳纸贵"的辉煌。

2011年，华为决定突破长期跟从运营商定制合约机的瓶颈，在手机业务上直面市场，建立自己的品牌。从P系列到D系列，转型之初的华为进行了不菲的投入，倾注了大量的心血，先后推出至少5款代表作，但销量远不及预期，市场反响一般。残酷的现实似乎告诉华为：失败了！但华为并没有放弃，而是坚持上下求索、持续耕耘，终于迎来了成为爆款的"荣耀"和畅销全球的MATE 7。现在的华为手机不仅位居中国手机市场销量榜首，更是声名远播海外，全球用户已超过5亿。

沧海横流，方显英雄本色；青山矗立，不堕凌云之志。伟大的企业往往都拥有明确的愿景和清晰的战略路径，在沿着既定道路愈进愈难、愈进愈险之时，总是体现出迎难而上、长期坚守的勇气、耐力和智慧；而经历量变引发质变、跨越周期之后，才是价值凸显、伫立浪潮之巅之时。

短期失败后的长期坚守与在错误的道路上越行越远有着本质的不同。我们所说的坚守，是建立在方向正确的基础之上的。"不谋万世者不足谋一时，不谋全局者不足谋一域"，很多时候，我们不应该过于纠缠一时一势的荣辱得失，而应风物长宜放眼量，以谋万世、谋全局的远见来坚定信念，翻越高山大海。

如何判断思路对不对，方向正确与否呢？笔者认为核心在于能否打造企业的核心竞争力，也就是能否构筑长期发展的护城河，能否形成远超竞争对手的资源优势；而从企业资源配置战略导向的角度，核心竞争力的建设原则或统一于技术，或统一于市场。

美国杨百翰大学（Brigham Young University）研究创新创业的内森·弗尔教授和研究战略的杰夫·戴尔教授合著的《创新的方法》一书，指出影响公司客户创造能力的不确定性有两种：一是需求不确定性，即客户是否会购买；二是技术不确定性，即我们能否提供理想的解决方案。

麻省理工管理学教授唐纳德·马奎斯（Donald Marquis）等人研究了 567 项不同的技术创新个案后发现，只有 1/5 的创新是以技术本身的发展为来源的，而 3/4 的创新都是以市场需求为出发点推动的，由此得出一个结论：对市场需求的认识比对技术能力的认识更重要，市场需求应是激励和吸引企业技术创新活动的重要动力源泉。[11]

任正非说："不是技术，亦不是资本，唯有客户才是华为走向持续成功的根本。"他多次强调不能技术唯上，而是要根据客户需求来做产品，技术只是工具。这与马奎斯的结论高度吻合，这个思想也在华为得到了长期、深入的贯彻。

1999 年年初，华为与 IBM 合作，全面采用世界领先企业的产品开发理念，建立了科学高效的 IPD 集成产品开发流程。IPD 是一套以更好地服务客户为最终目的、以市场导向为核心的产品开发的模式、理念和方法。华为始终坚持通过投资组合分析等方法，精准挖掘客户的真实需求，并在 IPD 流程中增加市场评审点，让战略客户的专家参与到研发过程中，以保证在较长的产品开发周期中随时根据市场变化动态进行研发调整，更为灵活地以客户为中心。

这次变革之后，华为的产品研发越来越契合客户的需求，研发与创新绩效出现了显著的改善：产品投入市场时间缩短40%~60%，产品开发浪费减少50%~80%，产品开发生产效率提高25%~30%，新产品收益（占全部收益百分比）增加100%。[11]

任正非在内部讲话中反复指出：公司唯有一条道路能够生存下来，就是客户的价值最大化；公司的可持续发展，归根结底是满足客户需求。为客户服务是华为存在的唯一理由，也是一切工作的出发点与归宿，更是华为的"魂"。只有质量好、服务好、价格低，客户利益大了，公司才能活下来；只要顺应了客户需求，公司就会成功。

在各行各业，坚守以客户为中心获得成功的例子不胜枚举。

"世界羊绒大王"鄂尔多斯集团，在纺织服装行业面临巨大压力、中国消费升级浪潮一浪高过一浪、消费者对更高品质和更好体验的需求日益凸显的新环境下，也不得不考虑以转型升级谋求更高水平发展的新课题。2015年，鄂尔多斯集团通过对全国35个城市的5000个消费者进行深度调查、研究、访谈，发现自身存在品牌认知模糊、老化以及货品管理和形象管理能力薄弱等问题，也确认客户对羊绒仍然有较强的期待和渴望，确立了以市场和消费者为导向的品牌升级战略，包括聚焦优势、细分市场、精准定位、精耕细作，打造多品牌管理体系，等等。几年的坚守之后，人们频频发出"鄂尔多斯真的变时尚很多"这样的感叹，有媒体甚至还将其称之为"中国的爱马仕"。鄂尔多斯不再是妈妈们穿的品牌，而越来越适合年轻人，也越来越有品位，随之业绩也自然呈现出较以往两位数的增长。集团总经理王臻总结说，只有回到消费者身边才能生存。

我国著名体操运动员李宁创办的体育用品公司李宁公司，在2011年的鼎盛时期全国开设的专卖店多达8255家，并且积极地进行海外业务开拓，但很快就由于盲目扩张和品牌形象定位错误而出现巨额亏损。2014年年底，创始人李宁回归公司，顺应市场和潮流的发展，细分运动跑鞋市场，并与小米合作推出新一代智能跑鞋，还通过赞助体育赛事、开通微博等方式，不断加强和消费者的互动，强化情感链接，最后获得了惊人的效果，重新走上了增长之路，2018年盈利首次突破100亿元大关。可见，抓住消费者，感知和迎合他们的需求，才能在市场上立足。

在技术飞速发展、创新层出叠见的今天，我们站在科技、人文、时尚与艺术交会的路口，不能忘记：任何产品都不是由冷冰冰的软硬件堆砌而成的，而是富有情感的品牌故事的展现。客户购买产品的本质，是"人"而非局限于"物"。好的产品应满足消费者对于人文的、内涵的、态度的情感需求，体现设计感、体验感、品牌、时尚等元素，而相关的软硬件材料等技术层面的问题则只是实现这些需求的必要手段之一。

坚持以人为本，施以相匹配的技术手段，满足客户的需求，不为赚快钱的短期利益所迷惑，不因一时的业绩落后而动摇，执着、坚定地为客户创造更大的价值，这才是商业的本质和精神。这样的匠心值得守护，这样的梦想值得追逐，短期的失败不足为惧，长期的坚守弥足珍贵，因为这意味着生存与发展，也代表理想与情怀。

19

国际竞争

向华为学创新

国际竞争 / 19

作为国家建设与人类服务的重要基础设施之一，全球电信行业正以破竹之势迅猛发展。过去十年，全球电信行业从传统的有线电话发展到互联网、无线通信、卫星通信及光纤，似乎只在弹指一挥间。至 2018 年，世界 500 强中的电信企业年度总收入已超过 1.2 万亿美元，整体比例超过 4%。如今，AI、5G、物联网技术、边缘计算等新技术正从"巨变"到"聚变"，电信行业步入崭新的 5G 时代，重塑与洗牌在即。这一切，将持续加速网络转型，进而打破区域壁垒，促进产业融合，对引领全球经济发展具有无可替代的重大意义。

早在 1994 年就喊出"十年之后，世界通信制造业三分天下，必有华为一席"的"狂言"的任正非，带领着华为依靠敏锐的市场嗅觉、极富攻击力的扩张，以及大规模的团体作战，在全球通信市场攻城略地，开疆拓土。从 1996 年在中俄关系的积极变化中捕捉商机，以疆域辽阔的俄罗斯通信市场打响海外战略的第一场战役，到 2007

年终于站稳脚跟，成为俄罗斯电信市场的领导者之一；从与沃达丰、英国电信等国际机构联合研发、战略合作，进入欧洲市场，到以欧洲为起点，融入世界。用TCL李东生的话来说："时至今日，华为已经是中国著名的通信设备企业中国际化最成功的企业。"

然而，走向全球的中国公司，往往被赋予政府角色的意味，华为也不例外。现今国与国之间的竞争，已经越来越多地体现在经济竞争上，也就是企业与企业之间的竞争。在国际化的初期，华为遵守一个不成文的规定，那就是以中国的外交作为大方向。华为设立办事处的原则就是，与中国建交的国家。在什么地区投放什么力度的人力、物力也是根据国家外交的风向变化来决策的，但是，这并不意味着依赖政府的支持而崛起。相反，华为在国际化进程中不断努力"淡化"政府角色而凸显市场化色彩。但是，在错综复杂的大国博弈中，华为还是被戴上了"政治滤镜"。

过去多年来，华为的开放合作策略总是遭到美国纯竞争性的对抗，甚至被冠以"间谍公司""危害他国安全""政府活动工具"之名。从2001年进入北美拓展市场算起，至今18年来，华为在美国市场屡遭不公平、不合理的待遇，少有建树，美国市场成为华为在国际市场攻伐最后的"堡垒"。

2008年，华为试图与贝恩资本并购3COM，被美国外国投资委员会否决；2009 年，AT&T 与华为达成 4G 设备合约，被美国国家安全局出面干预；2010 年，华为试图收购摩托罗拉的无线资产被美国政府拒绝，试图并购宽带网络厂商 2wire 也失败，与 Sprint 达成的 4G 设备合约，遭到了美国商务部干预……过去多年来，华为在美国的收购、交易等一切商业活动，总是因美国政府的干涉而告败。据余承东透露，有的并购"即使给了别人订金，钱都付了，但仍然被否决"。

进入 2019 年，中美之间的大国博弈更为错综复杂，华为更是遭遇了前所未有的"国家限制"。2019 年 5 月 15 日，特朗普以国家安全问题签署行政命令，限制华为在美国销售设备；5 月 16 日，美国商务部正式将华为列入"实体清单"，禁止美企向华为出售相关技术和产品；5 月 20 日，谷歌停止与华为的业务，华为只能使用安卓的开源版本，无法访问谷歌的专有应用和服务；随后，英特尔、高通、赛灵思和博通等芯片设计商和供应商也开始切断与华为的交易；6 月，美国共和党中甚至有人提议，禁止华为公司通过美国法院向美国企业索要专利费，且不允许华为在美国法院提起申诉……

面对全线"狙击"，华为的挑战不仅仅是美国市场这一块"难啃的骨头"，还有超过 1/3 的核心供应商的集体断供，这对华为的全球市场乃至本国市场都是不小的打击。人们普遍认为，这时候的华为应该考虑战略转移和收缩，从而暂避风头，保存实力，以底线思维熬过寒冬。毕竟，一家企业如何能够与一个国家，并且还是世界经济强国的美国抗衡？

然而，历来被外界赋予"狼性"符号的华为，面对围捕，做出了杀出重围、以攻为守的选择。

首先，是对供应链进行全面国产化替代。

2018年年底，华为发布的公开信息显示，在92家核心供应商名单里，美国供应商入选数量最多，包括英特尔、恩智浦、高通、博通等共计33家；中国供应商数量仅排名第二，包括立讯精密、比亚迪、京东方、瑞声科技、顺丰等共计25家。进入2019年后，华为对供应链的调整速度明显加快，尤其是加强国内供应链选择，加大对国内供应商的购买力度，要求采购团队寻找更多的潜在供应商。以几款旗舰型的手机为例：2019年上半年发布的P30中，使用美国的零件只有15个，相对1000多个零配件数量占比仅0.9%。8月发布的Mate 20 X（5G），核心供应商中只有镁光、Skyworks和Qorvo 3家美国企业；而mate30则只剩博通和镁光这2家，国产供应厂商的比例大幅提高，包括摄像头、屏幕、射频、电池、指纹识别等多个关键部件大部分由中国厂商提供。9月，华为对外表示，华为从10月份生产不含美国元器件的5G基站。

同时，以技术专利迎战御敌。

近来，华为在美国提起诉讼，任正非也一改往日低调的作风，频频接受采访，对外发声。根据一家美国的知识产权分析平台对外提供的数据，华为在全球范围内已获得6.9万多项专利，另有49 379项专利申请正在进行当中，涉及从数据传输到网络流量管理的方方面面，其中近18%在美国。通过专利战，华为不仅可以表明实力与存在感，对美国起到告诫作用，还能向国际社会传递反抗呼声，寻求国际认同，提升在海外的品牌价值。最重要的是，通过迫于败诉后果的美国企业向政府施压，形成谈判的筹码。

专利战也并非百利无一害：一方面，华为进入美国市场的需求始终是大于美国对华为需求的，甚至华为未来的成功更需借助美国市场，只有在全球化的中枢地带处于主导地位，才能与全球化红利高度捆绑，推动全球大规模的通信基础设施投资与终端销售；另一方面，在美国，可能需要5年甚至更长时间才能走完一桩专利诉讼案的全过程，仅律师费就可能高达数百万美元，而最后的结果，有很多都是在长达多年的法律诉讼、上诉以及反诉后，最终达成和解或专利授权。

因此，充分认识西方的价值观，以西方的思维，站在他们的立场去理解他们的意图，解释他们的行为，"大棒"与"面包"兼施，以平衡之术与政治智慧突围，才是美国市场的正确打开方式和转危为机之道。

为何近年来美国对华为的封锁和打击愈演愈烈？这自然与中国的崛起、华为的强大密不可分。尤其是华为从一家不为美国主流社会关注的小公司跃居世界通信行业的前列，美国当然会非常慎重。毕竟过去百年间，美国习惯于对经济规模接近自身的追赶型国家，实施多维度打压策略和遏制战略，以此作为维持美国霸权主义的核心手段。但更为重要和深层次的原因恐怕是即将到来的5G。

5G通信技术是一代革命性的技术升级，是全球大力发展互联网、物联网的关键拼图。从5G的商业应用来看，包括交通、工业、通信、民生和军事等诸多领域都将被重新定义。比如智能工厂、智能电网、自动驾驶、远程医疗等。

自2009年以来，华为在5G技术开发上投入了数十亿美元的巨大成本，如今与爱立信、诺基亚、中兴形成全球5G市场的四个主要玩家，并且华为的技术和产品成熟度最好，国际标准和专利数量最多；而美国本土还没有5G供应商，显然在新一轮技术浪潮中已经落后了。美国政府曾寻求谷歌、亚马逊和苹果等本国公司在5G上大力投入，但这几家公司都拒绝了，因为从商业上考量，发力如此前瞻性的基础研究，似乎并不明智也没有必要。

俄罗斯一篇分析5G革命的新闻报道说："除了战争，美国在所有领域都黯然失色。特朗普政府曾承诺，技术将带来百万工作岗位的回归，这些工作岗位曾经外包给低收入国家，但美国已在高科技竞赛中落败，只擅长战争武器。"为了让美国再次成为最伟大的国家，特朗普能打出的王牌只有"军事胁迫和美元武器化"。这个观点印证了美国打压华为的根本动机。

2019年9月9日，任正非在接受《纽约时报》专栏作家托马斯·弗里德曼采访中，第一次谈及5G技术转让话题，称完全可以向美国企业转让5G所有的技术和工艺秘密，帮助美国建立起5G的产业来，而不至于错过此次技术浪潮。只要美国愿意接受，像思科、亚马逊、微软、苹果这些不差钱的企业，只要付给华为许可费就有可能获得授权。

次日，任正非在接受英国《经济学人》杂志采访时补充道："华为愿意将5G的技术和工艺向国外企业进行许可，而且是一次性买断，并非每年缴纳年度许可费。"

在9月26日推出的《与任正非喝咖啡》第二期中，任正非进一步明确，华为希望的5G授权，不是向所有西方公司开放，而是独家授权给一家美国公司，因为美国现在缺这个东西，且美国市场规模足够大，能够支撑5G技术向前。同时强调，这种授权是100%的，包括5G专利技术、源代码、硬件、生产工艺甚至芯片设计，华为统统可以授权给这家潜在的美国公司，而这家公司，可以在全世界与华为竞争。

这被外界看作是任正非高超战略艺术的体现，美国无论接不接招，都对华为大大有利。主动授权美国企业，摆明告诉全世界，我连底层代码都能够公开，还有啥好担心的？完美消除了美国企业和民众对华为的不合理猜测，所谓的"国家安全论"等不攻自破。此举不仅为华为设备的安全性自证清白，还为华为5G在全球市场打了一个高调的免费广告，并展现了华为在被美国打压的情况下主动释放友好信号，以及愿意与全球合作、共同把蛋糕做大、让全球人民受益的胸襟。若美国不接招，则证明其心胸狭隘，而华为在其他市场的订单还可借助广告效应继续争取；若美国接招，华为不仅会因授权而获得大量的资金，可以投入更多的技术研发，同时还会对在欧洲市场基本上不是华为对手，仅在美国靠封杀华为才获得订单的竞争对手爱立信和诺基亚构成降维打击。

可以说华为凭此一举化被动为主动，因祸得福。短短一个月，美国企业纷纷主动找上门来，并对5G授权展开了初期谈判，同时华为5G无论品牌知名度还是市场销量，都获得了明显提升，可谓转危为机。

当然，国内也有一些声音表示担忧：5G 技术卖给美国公司会不会导致华为丧失 5G 的领先地位？任正非表示："引入强大的公司，会提醒我们 19 万员工谁也不能睡懒觉。"这正是华为一直以来极力倡导的狼性文化。竞争，会带来压力，但更会促使华为保持高昂的奋斗状态，从而继续保持强大的竞争力。

对此，中国企业生存和发展，至少应该从中借鉴几点：

第一，要正确判断创新领域中，对外开放和自主可控之间的复杂和平衡关系。

第二，打铁还需自身硬，企业的核心技术一定要掌握在自己手中。

第三，未雨绸缪，布局产业链上下游，企业的关键供应要掌握在自己手中。

第四，采用"硬竞争"和"巧竞争"战术，对于中国企业而言，核心目标应该是谋求共生互赢。

第五，加强与合作方的信任关系。力所能及地做全球创新链分工、合作和协同体系的倡导者和捍卫者，防范美国等发达国家发起的单边主义压力和挑战。

第六，谙熟海外法律和竞争环境，关注国际政治格局，做好"战斗"的准备。

正所谓"雄关漫道真如铁，而今迈步从头越。从头越，苍山如海，残阳如血"。

20

奋斗"无人区"

向华为学创新

如果对华为30余年成长史进行一个总结，有人归纳为四个阶段：

第一阶段：1987—1992年。这时的华为刚刚起步，只是国内一家以贸易为主营业务的小型创业企业。

第二阶段：1993—2000年。进行自主研发，实现技术突破，并通过"农村包围城市"的市场策略，迅速在国内扩张市场。

第三阶段：2001—2004年。创造性地开启了员工持股的道路，并在俄罗斯、东南亚、非洲等新兴市场获得重大突破。

第四阶段：2005年至今。全球销售收入跨越千亿美元大关，并成为全球电信领域的知识产权龙头企业和世界级的、商业性的大型跨国科技公司。

今天的华为，可以说已经是当之无愧的行业佼佼者。所谓高处不胜寒，在商业世界漫长的丛林赛跑中，一位独自跑在前面的领先者，如何克服疲惫、寂寞，在随时可能迎面而来的风雪中，蹚过脚下可能出现的泥泞、洼坑，摆脱后来者的追赶，始终保持领先，这是很多像华为一样的行业领先企业正面对的困境。

很多人认为，不断进行原始创新是奋斗"无人区"的不二法则，尤其对于科技公司，坚持自主研发和保持技术领先就是企业成功的必由之路以及长远发展的核心动力。譬如，以技术著称的华为，从C&C08交换机，到全套移动通信设备，再到光网络设备，从GSM、UMTS、LTE到5G，创业多年，无论在任何时期，华为一直以来都对研发高度重视。有数据显示，我国75%以上的企业没有自己的创新研发，企业整体的研发投入还不到全国GDP的1%。[11]华为的研发投入，不仅远超国内企业，与国际企业相比也毫不逊色。过去10年来，华为的研发费用几乎每年都保持20%以上的增长，即使是在金融危机爆发、竞争对手纷纷削减研发投入的2008年也不例外，这10年累计投入研发费用3921亿元，占总毛利的比重为33%；而思科和三星同期研发投入分别为577亿美元和975美元，占销售毛利的比重分别为21%和18%。可见华为研发投入力度之大。[1]

毋庸置疑，技术创新决定了产品的核心竞争力，推动着华为蒸蒸日上。正如丛林赛跑中的领跑者，不断调整呼吸和步伐，用科学的技巧合理支配体力，不断向前。但是，真正的冠军，在我们看到的这些表象背后，一定还有强大的精神内核支撑，比如不抛弃不放弃、永不言败的精神。因为只有这样的内在精神支柱，才能让人充满信念，从而拥有持久的力量源泉。一家企业也不外如是，技术创新往往道阻且长，并且普遍的规律是发展到一定阶段必然遭遇瓶颈，研发难度不断加大，而外部竞争环境也可能进一步拉长研发周期，这时候，只有理想信念能成为一个团队奋进的精神旗帜。技术永远在更迭，资源也终会枯竭，而唯有文化能够生生不息，这才是保持行业领先最根本的内在逻辑。

早在华为成立的第二年，任正非就曾在内部会议上提出"狼性"一词，后来又归纳总结了狼的三大特性：一是敏锐的嗅觉，二是不屈不挠、奋不顾身的进攻精神，三是群体奋斗的意识。[11]时至今日，华为以客户为中心，以奋斗者为本，崇尚进取，长期艰苦奋斗，从不轻言失败，敢于自我批判，重视团队协作的狼性文化已在企业界广受推崇。这样的核心价值观，正是华为将15万知识型人才聚集在一起的文化内涵。

以人为本，以客户为中心，是华为的选择和坚守。在面对客户时，华为文化中很少说"No"，从来都是"Yes！Yes！"一线市场部门拿到的常常是一大堆"不可能实现的合同"，中后台的研发、供应链、服务体系面对责任，只能使命必达。这一方面造成了部分客户的抱怨和投诉，但更多的是倒逼出无数的奇迹。一位从外企辞职到华为的高级管理人员感慨："华为在很长时间里管理很乱，部门之间到处打乱仗，看不出章法，但它有西方公司所缺乏的精神，只要有人对客户拍了胸脯，就会有一堆不要命的顶着上。有条件上，没条件也上，结果它就成功了……乱拳打死老师傅，西方公司败就败在华为这股劲儿……"(8)

大家知道华为电信基站设施工程的背后是什么吗？是不计其数无法想象的艰难困苦，无数华为人的汗水、泪水，甚至鲜血。以站点获取为例，在非洲、东南亚、南美洲的许多偏僻乡镇，华为员工要和当地的部落酋长、地方割据势力、非政府武装民兵、"村霸"等交涉谈判。在实施阶段，几十吨重的一座座铁塔部件，从中国内部空运，航运到几千甚至上万公里外的地方，再由卡车转运到某处后，前方几百公里没有公路，不是沟沟坎坎的泥泞地、山涧陡坡，就是茫茫无际的大沙漠，这时华为员工雇用当地村民，用小推车、毛驴车等最原始的交通工具，一步步地经过10多个小时甚至几天的时间将设备运到，而华为工程师，也是一路跟随。到了站点后又是花10多个小时甚至更长时间安装，当地缺乏大型吊车等设备，基本上是人工操作，完成后，还得雇人看守，以防供电设备被盗。在荒蛮落后地区，一个基站铁塔从运输到安装完毕，平均用3天以上时间，有的甚至长达十几天。华为人正是以这样的步伐，丈量了全球一半以上的土地。

这些看似不可思议的故事背后，正是华为独特的文化所构成的精神力量。文化之于企业，就像基因之于生物，如果说基因决定了人的身体素质和发展潜质，那么文化则决定了企业的发展乃至变异的种种特征，是企业经营长期健康有序的基本保障。比如，鼓励创新开拓、宽容失败的文化让华为的研发人员无后顾之忧，一心一意向开发新的产品、突破新的技术等目标前进；欣赏差异、尊重人才的文化让华为"英雄不问出处"，广纳贤才，全世界的优秀人才凝聚在华为展现才华；开放、灰度、自我批判的文化让华为建立了"蓝军参谋部"和心声社区等机制安排，不断激发出内部的碰撞和活力；始终保持危机感的惶者生存文化让华为不断自我改造、自我颠覆、自我革命、自我迭代……

奋进三十载，如今的华为，已逐步攻入"无人区"，处于无人领航、无既定的规则，甚至无人紧紧追随的境地，而新的挑战和危机将接踵而来。

"无人区"中的第一个挑战，是原始创新需要基础理论的支撑。"无人区"中的华为不能再追赶、验证别人，而底层理论的突破需要以基础性科学研究为支撑。任正非曾指出："华为现在的水平尚停留在工程数学、物理算法等工程科学的创新层面，尚未真正进入基础理论研究层面。随着行业逐步逼近香农定理、摩尔定律的极限，而大流量、低时延的理论还未创造出来，华为感到前途茫茫，找不到方向，华为前进在迷航中。重大创新是"无人区"的生存法则，没有理论突破，没有技术突破，没有大量的技术积累，是不可能产生爆发性创新的。"[11]

对此，任正非已经表态，华为"机会主义"高速度会逐步慢下来，创立引导理论的责任已经落下来[2]，即持续加大基础科学的投入力度，针对华为的软件能力、核心技术等薄弱环节重点发力。大家都知道，基础科学的研究，相比应用科学，会更加艰辛、更加枯燥、更加曲折，会经历更多的失败，无论是研发结果还是应用回报都具有极大的不确定性。茫茫黑暗中的探索，更需要强大的文化支撑，包括艰苦奋斗、百折不挠的精神，苦行僧般的坚持，科学理想主义的情怀，等等。

"无人区"的第二个挑战，是产业重构下多重的不确定性和竞争的复杂性。过去120年间，工业革命、电力革命和信息技术革命实现了人类文明的三次巨大突破，释放出的生产力远超数千年文明所积累的总和。如今时代又迎来新的拐点，5G、云、视频、IoT、人工智能等关键技术将交融发展，这样一个智能世界将进入数据驱动、智慧共享的发展轨道。随着各方面技术的突破，以及人类未来的需求升级，行业和行业之间的边界会被打破，一个完整的产业重构即将出现。大量的行业将会被代替，许多新的行业会显现，并且进一步跨界发展。所以，企业面对的竞争不是静态的，而是动态的；不是封闭的，而是开放的。

对此，华为进一步提出了"GIV 2025"，也就是 Global Industry Vision 全球产业展望 2025 计划。GIV 2025 基于历史数据、计量经济预测、技术趋势预测、业务与产业趋势研判等系列研究，以"数据 + 趋势"的形式展望和描述了全球 ICT 产业趋势和未来发展蓝图，为各行业提供进入发展快车道的引路牌。华为公司董事、战略 Marketing 总裁徐文伟表示："这只是一个起点，如果我们今天不抓住未来，那么未来将把我们甩在过去。"华为希望面向未来，以数据和预测来打开蓝图，识别方向，并与全球的合作伙伴共同构建万物互联的智能世界；而在通向未来的道路上，如何让 15 万甚至更多的人才紧密团结不掉队，如何激发队伍的激情和创造力，如何真正坚持以客户为中心，不断挖掘和满足客户需求、提升客户的体验，如何与合作伙伴携手共赢，如何打造在未来世界中华为的品牌和荣誉，这一切都需要回归到文化基因。

因此，"无人区"的终极挑战，就是文化的传承以及技术与人文的结合。如果说技术是推动企业发展的硬实力，那文化就是背后的软实力和根基。技术体现为外在杀敌制胜的武功招式，文化则蕴含内在的精气神儿。中国共产党人用小米加步枪打败了侵略者的飞机、坦克、大炮，靠的就是众志成城的战斗决心和钢铁意志。新时代的商业竞争，也必须以文化文本，坚守初心，将技术与人文完美结合，这样才能发挥出干柴遇烈火、越烧越旺的巨大作用。反之，若没有强大的文化内核保驾护航，技术也难以持续前进。

前段时间，一位华为HR在心声社区上发布5000字长帖，"控诉"领导和同事的各种懒政、失职和不公，点击率超过130万人次，不仅引发内部激烈讨论，更引起社会关注。组织规模越来越大的华为，各种大公司病的潜在压力也会越来越大，而40后的任正非、60后和70后的高层管理人员，以及90后的新生代员工，在不同时代背景下出生和成长的这两三代人存在与生俱来的思想观念差异，奋斗者文化必须传承和延续，但若执行得太强硬、太绝对，可能会引起追求美好生活的新生代员工的反感。处于中美旋涡中的华为，内部的潜在冲突和文化建设压力丝毫不弱。

其实，奋斗在"无人区"的岂止华为。整个中国社会在经历了30余年的高速发展后，在国家的层面也正从一个追赶者逐步变成领导者。国家创新的战略发展又何尝不是进入了无人区？美国有三位著名的学者，分别是经济学家弗曼、战略学家波特和创新学家斯特恩。他们三位在2000年发表了一个跨学科的重大研究。在这个研究里，他们提出："影响一个国家创新能力培养的不仅是技术存量和人力资本，一个国家的创新政策、基础设施、创新环境、大学的支持和对创新的激励都扮演着重要的角色。"❶ 也就是说，硬实力和软环境相辅相成，文化氛围、精神力量以及为之构建的各种制度、体系的安排，对于创新挑战都尤为重要。

本书以华为为例，探索企业的创新战略以及支撑的人力资源制度和引领的创新文化。作为一家企业，华为无疑是成功的，然而我们并无意对华为全面肯定，高唱赞歌。接班人问题，狼性文化的可持续性，全球化的挑战，都是华为需要面对的。但是毫无疑问，今天的华为在创新方面有太多值得我们学习和挖掘的成功之道。

在可见的未来二三十年，大环境的冲击不言而喻。在中美欧三大竞争板块中，美欧的民主制度和福利主义出现了"制度疲劳"，而中国的问题在于，上一个 30 多年的改革边际红利正在大幅度锐减，必须有新的、更具根本意义的变革牵引企业、社会与各阶层的人群一起走出"国家的疲劳"。[8] 在此背景下，以华为为代表的领先企业，创新的征程也是前路漫漫，险境横生。但是，奋斗"无人区"并不可怕，只要我们坚持文化为本，以梦为马，谨守初心，必能励精图治，突出重围，踏浪前行。

---

❶ Furman J L, Porter M E, Stern S. The determinants of national innovative capacity[J]. Research Policy, 2000, 31（6）：899-933.

参考文献

[1] 王京生，司辉. 华为之研发模式 [M]. 深圳：海天出版社，2018.

[2] 周留征. 华为创新 [M]. 北京：机械工业出版社，2017.

[3] 杨忠. 赢得死亡游戏：破解华为的创新之道 [M]. 北京：机械工业出版社，2016.

[4] 杨爱国. 华为奋斗密码 [M]. 北京：机械工业出版社，2019.

[5] 黄志伟. 华为管理法：任正非的企业管理心得 [M]. 苏州：古吴轩出版社，2017.

[6] 王京生，陈广. 华为之国际化战略 [M]. 深圳：海天出版社，2018.

[7] 吴春波. 华为没有秘密 [M]. 北京：中信出版社，2016.

[8] 田涛，吴春波. 下一个倒下的会不会是华为［M］. 北京：中信出版社，2017.

[9] 王育琨. 苦难英雄任正非［M］. 南京：江苏凤凰文艺出版社，2019.

[10] 孙力科. 任正非传［M］. 杭州：浙江人民出版，2019.

[11] 周锡冰. 任正非谈华为创新管理［M］. 深圳：海天出版社，2018.

[12] 武亚军."战略框架式思考""悖论整合"与企业竞争优势——任正非的认知模式分析及管理启示［J］. 管理世界，2013.